跨文化交际中的翻译理论与实例

陈 媛 著

全国百佳图书出版单位|吉林出版集团股份有限公司

图书在版编目（CIP）数据

跨文化交际中的翻译理论与实例／陈媛著. -- 长春：
吉林出版集团股份有限公司，2020.7
ISBN 978-7-5581-8818-3

Ⅰ. ①跨… Ⅱ. ①陈… Ⅲ. ①翻译学-研究 Ⅳ.
①H059

中国版本图书馆 CIP 数据核字（2020）第 111086 号

KUA WENHUA JIAOJI ZHONG DE FANYI LILUN YU SHILI

跨文化交际中的翻译理论与实例

著：陈 媛

责任编辑：朱 玲

封面设计：王 艳

开 本：720mm×1000mm 1/16

字 数：210 千字

印 张：11.125

版 次：2020 年 7 月第 1 版

印 次：2022 年 10 月第 2 次印刷

出 版：吉林出版集团股份有限公司

发 行：吉林出版集团外语教育有限公司

地 址：长春市福祉大路 5788 号龙腾国际大厦 B 座 7 层

电 话：总编办：0431-81629929

印 刷：廊坊市印艺阁数字科技有限公司

ISBN 978-7-5581-8818-3 定 价：52.00 元

前言

  翻译活动由来已久，早在文字还未产生之时，翻译事业就已经开始萌芽，即现代翻译的雏形——口头翻译。随着各个国家文字的产生，翻译的内涵及其实践不断扩大，如今的翻译活动已经形成了一套完善的体系。尽管古今中外对翻译的具体命名和表达方式不尽相同，但是对其本质却存在普遍相同的认知，即把一种语言文字的意义用另一种语言文字表达出来，语言间的相互转换便是其核心。

  经济全球化加深了国际交往与合作，各个国家使用的语言不同，要想实现彼此之间的有效沟通必须借助翻译这座桥梁；加之其思维模式、生活环境、时间观念、社会心理、文化传统等千差万别，每种语言所表达的含义及其蕴含的意境更是截然不同，由此，基于跨文化视角开展的翻译活动就成为国际交往的基础性工作。如今，跨文化翻译学已经成为一门独立的极具研究价值的学科，其存在的意义就是解决"文化上的语言不通"这一问题，文化元素的差异性、文化背景中词汇内涵及习惯的差异性是该学科开展研究的立足点。

  众所周知，文化错位是跨文化交际翻译中最常见的现象，因此，译者必须要对原文本的内涵及其文化特征建立全面认知，坚持文化理念的指导和恰当方法的运用，时刻保持跨文化翻译中的文化语境，关注跨文化翻译中的文化等值，进而发挥跨文化翻译中的再创造性。

  将翻译活动置于文化视角从而推动跨文化交际的发展是众多翻译领域的专家和学者所致力的工作，依托坚实的理论知识，借助丰富的实践经验，从而产生了累累硕果，《跨文化交际中的翻译理论与实例》就是其中之一。

本书首先对翻译理论进行了介绍，包括概念、性质、标准、方法、过程、理论性原则等；其次，以语言与文化的密切关系为切入点，解读了文化翻译的内涵，探讨了跨文化翻译的必要性；再次，关注跨文化交际中的语言文化差异、社会文化差异、习俗文化差异、生态文化差异，对差异形成的原因、差异的具体表现以及差异背景下的翻译实例进行了详细分析，阐述了跨文化交际中商务英语、旅游英语和新闻英语的翻译理论及其实践；最后，介绍了中国高校翻译专业的建设情况，对跨文化背景下学生频繁出现的翻译问题加以剖析，同时对中华文化走出去背景下的翻译人才培养略做研究。

概览全书，主要表现出以下两个特点：

第一，内容翔实。本书紧扣主题，一方面对翻译的基础知识予以介绍，另一方面融入文化因素对跨文化交际的必要性、语用失误现象等进行分析，同时对各种中西方文化进行对比研究，通读全文，读者能够根据自身理解建立翔实的知识框架。

第二，融入实例。翻译活动本身就非常枯燥，因而本书在理论介绍之后紧跟实例分析，这些生动精确的翻译实例能够调动读者的阅读兴趣，对读者理解相应的翻译理论也有一定辅助作用。

本书在撰写过程中得到了众多学者的支持和鼓励，同时参考和借鉴了有关专家、教研人员的研究成果，在此对其表示诚挚的感谢！由于时间紧促，加之作者对跨文化交际视角下的翻译活动研究深度有限，书中难免存在疏漏和不足之处，诚望广大读者批评指正。

目录

第一章 翻译理论概述

翻译是一种综合技能，是学生处理两种语言能力的综合体现。在听、说、读、写、译等英语综合运用能力中，如果把听和读看作语言输入，把说和写看作语言输出，翻译的过程则是集语言输入与语言输出为一体的双向交流过程，其重要性可见一斑。然而，在长期的英语教学和考核中，对学生翻译能力的培养却一直缺乏应有的重视，翻译教学的地位显得边缘化，因而翻译教学的效果也大打折扣。目前针对英语教学的研究中，对听力、写作方面的研究比较多，翻译教学处于被忽视的位置，本章主要对翻译的理论进行系统论述。

第一节 翻译的概念、性质及标准

一、翻译的概念

翻译的历史源远流长，对翻译的研究也不乏硕果。然而，其中确有许多尚未被人们充分认识的东西。什么是翻译？人们的着眼点不同，对翻译的认识各有不同，下面介绍几个比较典型的翻译定义。

美国翻译理论家尤金·A·奈达（Eugene A. Nida）对翻译的定义是这样的："Translating consists in producing in the receptor language the closest natural equivalent of the source language message, first in term of meaning and secondly in term of style."[①] 翻译是实践行为，而实践行为是以目的为导向的。当翻译的目的是尽量忠实于原文时，译文越忠实越好，但当尽量忠实于原文不是翻译目的时，对翻译的评价则不会以译文是否十分忠实为评价译文的标准。因此，是

---

① ［美］尤金·奈达. 语言文化与翻译［M］. 严久生，译. 呼和浩特：内蒙古大学出版社，1998：103.

否十分忠实于原文不能作为评价所有译文的标准。奈达的定义不仅忽略了翻译的生态环境对翻译行为的影响。还忽略了翻译是以目的为导向的实践行为，结果把某些翻译的标准等同于翻译本身，存在概念混淆的问题。

中国学者张培基认为："翻译是运用一种语言把另一种语言所表达的思维内容准确而完整地重新表达出来的活动。"① 张先生的定义言简意赅，抓住了语际翻译的本质。但两个副词"准确"和"完整"扩大了语际翻译的内涵，因此限制了语际翻译的外延，使忠实于原文的程度区间问题变成了一个极端问题，存在以偏概全的问题。

范仲英认为："翻译是把一种语言的信息用另一种语言表达出来，使译文读者能得到原作者所表达的思想，得到与原文读者大致相同的感受。"② 这个定义不仅把翻译局限在语言之间，而且表达过于冗长，在强调作者思想时忽略了译者主体性，同时把翻译行为的本质与众多的翻译行为结果并置，用翻译行为和翻译结果或效果两个不同的概念之间的关系界定翻译概念本身，存在概念、范畴、顺序等多方面的问题。

综上所述，本书可以定义归纳为：通过把一种语言转换成另一种语言，如实地转达原文（原话）的意思和风格，使语言不通的人能够相互沟通、理解。即通过语言转换，达到意思传达。若认为翻译不是语言转换，是不全面的。若认为翻译仅仅是语言转换，也不全面。转换语言是手段，不折不扣、原原本本传达意思才是目的。翻译是形式与内容、方式与目的的统一。译员不是机器，翻译不是机械化生产。

二、翻译的性质

（一）社会性

翻译活动之所以存在，或者之所以有必要存在，是因为操不同语言的人之间需要交流。而人与人之间的交流所形成的一种关系必定具有社会性。翻译是在人类社会发展到一定的阶段才出现的活动，而且随着人类社会的不断演变而不断发展、丰富，在历史发展的长河中，翻译活动始终是人类各民族、各文化交流的一种最主要的方式。

交际的需要使说一种语言的人和说邻近语言的或文化上占优势的语言的人发生直接或间接的接触。交际可以是友好的或敌对的，可以在平凡的事务和交

---

① 张培基. 英汉翻译教程 [M]. 上海：上海外语教育出版社，1980：62.
② 范仲英. 实用翻译教程 [M]. 北京：外语教学与研究出版社，1994：13.

易关系的平面上进行，也可以是精神价值——艺术、科学、宗教——的借贷或是交换。以翻译为手段所进行的这种接触、交换或交流的活动，无不打下社会与文化的烙印。当我们以历史的观点考察翻译活动时，翻译的社会性是不能不考虑的。根据传统的翻译观，翻译往往是一种简单的符码转换，甚至机械性的操作。而实际上，翻译活动时刻受到社会因素的影响、介入、干预和制约。

（二）文化性

从翻译的功能看，其本质的作用之一便是克服语言的障碍，达到使用不同语言的人们之间精神的沟通，而这种精神的沟通，主要是通过文化层面的交流获得的。正是在这个意义上，翻译是人类精神文化中最为重要的活动之一，也是促进一个民族、一个国家的文化发展的最基本的因素之一，而且是最活跃的因素之一。

从翻译的全过程看，翻译活动的进行时刻受到文化语境的影响。从翻译的实际操作层面看，由于语言与文化的特殊关系，在具体语言的转换中，任何一个译者都不能不考虑文化的因素。

翻译作为以传达意义、沟通理解为基本任务的活动，其文化的本质是可以得到证明的。弗美尔（Hans Vermeer）认为翻译是一种跨文化的转换。对他的这一具有结论性的概括，目前翻译界已达成较为一致的认识。当然，我们在注意到翻译活动的跨文化特性的同时，也应当注意到跨文化活动中的翻译特性。[①]

（三）部分性

翻译不可能面面俱到地把原文的意思、情感、思想、韵味移植到译入语中，大多数情况是，译出了一方面，就很难再兼顾其他方面。因此很多时候译者必须做出取舍，根据当时的社会情况、翻译要求、译者的个人经历等翻译出原文的某些方面，对另一些方面则简单翻译甚至完全略译。例如在翻译诗歌的时候，英语诗歌的意境、音律、节奏往往很难在汉语中做出一一对应的翻译。为了让读者明白这首诗的意思，译者往往不得不牺牲诗歌音律方面的因素，而用无法形成韵脚或节奏的中文字词来翻译。[②]

---

① 张肖鹏，吴萍. 英汉语比较与翻译 ［M］. 成都：电子科技大学出版社，2017：24.

② 张燕红，宋阳明. 英语翻译与写作技巧研究 ［M］. 成都：电子科技大学出版社，2017：21.

（四）创造性

翻译的创造性是人们长期以来忽视的一个本质特征。在人们传统的认识中，翻译是一种简单的语言转换活动，只要精通两门语言，整个转换便可轻易进行，就像把一只瓶里的液体倒入另一只形状不同的容器中。翻译的机械性可从一些传统的比喻中得以体现，类似于翻译是"再现""摹本"等，都从一个侧面说明翻译在一个相当长的历史时期，往往被视作一种机械性的语言转换活动，其创造的性质被完全遮蔽。把翻译视作机械的语言转换行为的传统观点客观上遮蔽了翻译的创造性，进而导致翻译在实践中存在诸多困难，并且很难得到妥当解决。

由于语言的转换，原作的语言结构在目的语中必须重建，原作赖以生存的"文化语境"也必须在另一种语言所沉积的文化土壤中重新构建，而面对新的文化土壤、新的社会和新的读者，原作又进入了一个崭新的接受空间。翻译的创造性充分地体现在一个广义的翻译过程的各个阶段之中。翻译界流行的"翻译是艺术"之说，所强调的正是翻译的创造性。

三、翻译的标准

（一）西方的翻译标准

1. 可译性

在西方翻译界，语言之间的可译性是翻译理论和翻译研究讨论的一个基本问题。木雅明（Waller benjamin）认为，语言是互补的，也是可释性的，这就是不同语言之间相互沟通的根本基础。[①] 物质的统一性使得人类在大脑中形成一个宏观上基本相同的意识形态框架，这也是语际交流的一个重要依据和基础。尽管各种语言的体系差别甚大，但语言之间的翻译主要目的是为了沟通和交流。在这个目标下，如果某个源语言的具体语言要素在目的语中找不到等值对应，在整体的翻译中仍可采取替代、解释等手段来保持信息的完整。

2. 不可译性

不可译性指"译文不可能准确、完整地再现原文"。语言间的不可翻译一般是由两方面的原因造成的：第一，各种语言有其特定的文学形式，如英语中的十四行诗、汉语的唐诗宋词等，其形式对于传情达意有重要作用，但在目的语中并不存在对等的文字形式；第二，语言之间的文化差异导致不同的语言中

---

① 杨贤玉. 英汉翻译概论［M］. 武汉：中国地质大学出版社，2010：64.

有各自独特的体现民族审美观、价值观和思维方式的表达，这样的表达在其他语言中并不存在。不过，随着时代的发展和交流的增加，这样的文化差异性也会逐步转变为可译性。

3. 可译性限度

由于语言形式和文化的差异，语言之间的翻译不可能完全对等。可译性和不可译性并不是截然对立的两面，也没有特别明显的划分。随着社会文化的发展，国际交流的增多，越来越多的不可译变成了可译。译者所能做的，就是最大限度地发挥主观能动性，不断努力突破可译限度。

（二）中国的翻译标准

1. 信达雅

在《天演论·译例言》里，严复把翻译标准概括为"信、达、雅"三个字。他说："译事三难：信、达、雅。求其信，已大难矣！顾信矣，不达，虽译犹不译也，则达尚焉。"①

什么是"信、达、雅"呢？他所说的"信"，是指"达旨"。他曾解释说："译文取明深义，故词句之间，时有颠倒附益，不斤斤于字比句次，而意义则不倍（背）本文，题曰达旨。"严复所说的"达"，是有其特定含义的。他认为只能用汉代以前的字法句法，"达"才容易做到，而用近代白话文则反而困难。因此其译作均用文言。严复所说的"雅"，他则解释说"言之无文，行之不远……故信达而外，求其尔雅"。②

严复的"信、达、雅"，历经近百年，至今仍广为引用和研究，可见其影响之深远了。

2. 重神似不重形似

关于翻译标准，傅雷在《高老头》重译本序（1951 年）中有一段精彩的论述："以效果而论，翻译应当像临画一样，所求的不在形似而在神似。以实际工作而论，翻译比临画更难。临画与原画，素材相同（颜色、画布，或纸或绢），法则相同（色彩学、解剖学、透视学）。译本与原作，文字既不侔，规则又大异。各种文字各有特色，各有无可模仿的优点，各有无法补救的缺陷，同时又各有不能侵犯的戒律。像英、法，英、德那样接近的语言，尚且有许多难以互译的地方；中西文字的扦格远过于此，要求传神达意，铢两悉称，自非死抓字典，按照原文句法拼凑堆砌所能济事……"

---

① ［英］赫胥黎. 天演论［M］. 严复，译. 北京：华夏出版社，2002：76.
② ［英］赫胥黎. 天演论［M］. 严复，译. 贵阳：贵州教育出版社，2014：51.

"……两国文字词类的不同，句法构造的不同，文法与习惯的不同，修辞格律的不同，俗语的不同，即反映民族思想方式的不同，感觉深浅的不同，观点角度的不同，风格传统信仰的不同，社会背景的不同，表观方法的不同，以甲国文字传达乙国文字所包含的那些特点，必须像伯乐相马，要'得其精而忘其粗，在其内而忘其外'。"[1]

如果熊掌和鱼不能兼得，该忠实于原文的内容，还是该忠实于原文的形式呢？这一直是翻译理论争论的焦点之一。傅雷在总结了严复以来我国50年的翻译经验，提出了翻译应"重神似而不重形似；得其精而忘其粗，在其内而忘其外"。这一理论对翻译实践有很大的指导意义。

3. 化境说

钱钟书指出："文学翻译的最高标准是'化'。把作品从一国文字转变成另一国文字，既能不因语文习惯的差异而露出生硬牵强的痕迹，又能完全保存原有的风味，那就算得入于'化境'。17世纪有人赞美这种造诣的翻译，比为原作的'投胎转世'，躯壳换了一个，而精神姿致依然故我。"

钱钟书的"化境"说，与傅氏的"重神似而不重形似"，说法不一，但精神实质无异。其独到之处，难分轩轾。

4. 翻译标准多元互补论

辜正坤认为，应当以一种宽容的态度承认多个翻译标准同时存在。这些标准具有不同的侧重点和功能，可以相互补充。由于翻译的目的、社会作用、读者群体特点具有多样性，翻译策略、手法和翻译途径又各有差异，翻译不可能单纯地以某一个或几个标准衡量好坏，所以应当是一个相对的概念。他提出了一个"标准系统"，即"绝对标准—最高标准—具体标准"。其中"绝对标准"指原作，虽然是永远不可能达到的标准，但却可以尽量地接近；"最高标准"指"最佳近似度"，也即译文与原文之间所能达到的最大相似程度；"具体标准"指在读者的有限认识能力内所默认的具体判定某篇译文的标准。而这些多元标准的耳补性则体现在"一个翻译标准所具有的优点，正是别的翻译标准所具有的缺点"。[2] 不同的标准能够衡量译作的不同方面，除了起到各自的作用，还能相辅相成。

---

① [法]巴尔扎克. 高老头 [M]. 傅雷，译. 南京：江苏人民出版社，2018：197.
② 张燕红，宋阳明. 英语翻译与写作技巧研究 [M]. 成都：电子科技大学出版社，2017：32.

第二节 翻译的方法与过程

一、翻译的方法

（一）异化与归化

"异化"和"归化"作为一个翻译理论术语，是韦努蒂（Lawrence Venuti）首先使用的。在《中国译学大辞典》中，"异化"被定义为："在生成目标文本时通过保留原文中某些异国情调的东西来故意打破目的语惯例的翻译类型。""异化"的英文还可以写作"alienation"或者"source-language-orientedness"，主要表现在译文中保留了外来文化的语言特点，吸纳外语表达方式，使读者仿佛置身国外。例如，在英语当中，"long time no see""good good study，day day up""people mountain people sea"等本来都是语病深重、语法支离破碎的洋泾浜英语，但随着汉语在国际社会越来越多地使用和中国文化与世界文化越来越频繁地交流，尤其是英语国家的年轻人，愿意"让洋泾浜英语再飞一会儿"，这样的话语愈来愈多地出现在英语母语者的日常用语之中。而类似"沙发"（sofa）"歇斯底里"（hysteria）"幽默"（humor）等词则是由英语直接音译为汉语，到今日已与原有的汉语词汇一样广泛使用。年轻人也常常说着要顺应潮流，不可让自己"凹凸"（out）了。①

"归化"原指一个国家的人加入另一个国家的国籍，而翻译上则指"恪守本族文化的语言传统"，用地道的译入语表达方式来翻译其他语言作品。主要指大量采用译入语的词汇表达和句式结构，尽可能地淡化本国读者对源语作品的陌生感。它的英文也可写作"target-language-orientedness"，特点是将原文按照译入语的思维模式及表达习惯，也就是将英文按照汉语的句式译出。适当的归化可以"使译文读来比较地道和生动"。比如在翻译英语俚语的时候，采用归化的方法，同样用中文的成语或俗语翻译，可以保证译文的简洁及表达效果。

---

① 张燕红，宋阳明.英语翻译与写作技巧研究［M］.成都：电子科技大学出版社，2017：50.

（二）直译与意译

对于直译的定义，一直是翻译界争论的一个论题。直译的英文为"literal translation"，也就是字面翻译，通常理解为逐字对应翻译。例如"get down on your knees"，若按照字面翻译，应译作"跪在你的膝盖上"，但无论哪一位汉语母语者读着都会觉得别扭，其实只要译为"跪下"就可以了。但国内翻译界一直有另一个观点，认为逐字翻译只能算作"死译"。

大文学家周作人、鲁迅及茅盾等人都认为，直译不一定是照搬原文的内容、句式，而是"以原文为标准，依样画葫。"《中国译学大辞典》中比较赞同的是许崇信的定义：（1）不打破原文句与句的划分，即原文有一句，就译为一句，不会合并短句或把一个长句分割为数个短句；（2）不采用转译法译词，但可以改变原句的词序和句子内部各成分的次序。这样的翻译也可叫作顺译，即在表达方式上无须另辟蹊径就能准确传达原文内容。直译的优点是可以更好地反映原文的异国情调，在翻译原文的思想情感时，可以更好地避免译者的主观感情因素。在没有必要另起炉灶、大刀阔斧改动原文形式的情况下，采用直译当然是最佳方法。

同理，对意译的定义也是众说纷纭。《中国译学大辞典》中对于"意译"的定义为："译文内容一致而形式不同。"以内容忠实原文为原则，译文在需要改变形式时，才使用意译，例如文学作品的翻译中经常采用意译。

二、翻译的过程

（一）翻译的理解

1. 理解的重要

翻译不同于阅读，阅读时一个读者由于自己水平所限，理解或深或浅，甚至一知半解，或理解错误，这都无关紧要。因为这只是个人问题，不会对别人产生什么影响。翻译则完全不同。译者是代表原作者把原作重新表达出来。因而译者应该对原作理解得最深刻、最透彻，只有这样，才能把体现在原文中的原始思想完整无误地表达出来。译者对原文的理解稍有差错，译文就不可能准确无误，甚至会差之毫厘失之千里。因此，理解非常重要。如果对原文不理解，或理解得不对，一切就无从谈起。

2. 理解要准确透彻

正确理解原文，不能停留在表层意义上，要透过表层，进入深层，也就是通过现象抓住本质。大凡语言表达一种思想总要使用一些词语，采取某种表现手法，使用这些词语和表现手法的目的，就是为了表达某种思想。所谓理解就是要懂得作者表达的思想内容。如果仅仅看懂字面意思（表层），而不知道它到底表示什么意思（深层），就不能算是理解了。

3. 理解要靠上下文

认真阅读上下文，也就是要在一定的语言环境中才能理解得深刻透彻。从语言学的观点看，孤立的一个单词、一个短语、一个句子看不出它是什么意思，必须在语言环境中，有一定的上下文才能确定它的意义。

4. 理解要靠广博知识

理解原文就是要懂，而且要懂得深懂得透，不能满足于明白每一句话、每一个词的含义，而要真正懂得这段话表达的是什么意思。因之，译者必须具有广博知识，对于作者所谈到的题材，所讨论的问题，要熟悉，要内行。我们常常有这样的体验，由于缺乏某方面的知识，看了或听了别人用汉语对这个问题的讲述后，还是不明白。汉语是我们的本族语，我们不懂显然不是因为语言方面的障碍，而是由于我们知识欠缺。所以，如果翻译经济方面的材料，就要具备一定经济学方面的知识；翻译新闻题材，就要对国内外时事了如指掌；翻译某个专业的文章，必须是这个专业的行家。如果对于原文讨论的题材是门外汉，就搞不好翻译。因为译者自己都不懂，翻译出来的东西译文读者就更不可能懂。

翻译文学作品，除了具有一定的文学修养外，还要有广阔的知识面。有志于搞文学翻译的人，要尽可能多积累一些有关本国和作者所在国的历史、地理、风土人情、自然风貌、文化传统等方面的知识。另外，还要对这篇作品的时代背景、作者的生平及其艺术风格有所了解。总之，知识越广博，理解就更彻底，对翻译就越有好处。有些老翻译家常常是一边翻译，一边对该书作者进行研究。等他翻译了这个作者的几部作品之后，也就成为研究这个作家的专家了。这种精神是值得我们学习的。

由此可见，理解非常重要。如果对原文不理解，或理解错误，或理解肤浅，一知半解，一切都无从谈起。翻译中有相当一部分错误，以及许多译文出现费解或不知所云的现象，都是因为译者对原文不甚理解，或理解错误引起的。因此，理解是前提，没有这个前提，翻译就无法进行。

（二）翻译的表达

表达是指将原文（即 SL 的信息），用 TL 重新说一遍或写一遍，要求不失原意，保持原作的风格特色（即原文流畅的译文也要流畅，原文优美动人的译文也要优美动人，原文是个艺术品译文也应该是艺术品），而且还要符合译语的表达习惯。这三者做得如何，会直接影响译文质量的优劣。因此，表达是整个翻译过程中的关键。

1. 不要形式上忠实

要正确认识到，所谓忠实原文，有形式上忠实和内容上忠实两种。如果能做到形式上和内容上都忠实于原文，这当然是最理想的境界。然而，能否达到形式和内容的统一，并不取决于译者水平的高低，而看具体这句话 SL 与 TL 在表达方式上的差异。在形式上忠实和内容上忠实二者不可得兼的情况下，是牺牲形式保存内容，还是牺牲内容保存形式？很明显，大家都会认为应该要前者，即牺牲形式保存内容。但在翻译实践中，很多人做的实际上却是后者，即为了保存形式不惜牺牲内容。这是因为形式上忠实一眼就能看出来，既省劲又不担风险。而内容上忠实需要动脑筋才能"看"出来，要费力气，甚至还要担风险。但是，翻译的目的毕竟要求我们，必须保存内容。为了保存内容下点功夫是必要的。只有这样，才能达到大致相同的感受。

2. 有时词同义不同

有时 SL 的说法 TL 也有，若仔细品味起来，就会发现 TL 用的词与 SL 用的词表达出来的意思有些出入，即给人的感受不同。因而翻译时要倍加小心。如在很多情况下，I'm afraid 的意思并不是"我害怕"，而是因为自己要说出来的话对方不爱听，用 I'm afraid 来委婉地表示歉意。In fact 并不见得都是指"事实上"或"实际上"，它常常用来作进一步说明。

3. 求意似不求形似

要解决形式上忠实与内容上忠实的矛盾只能是牺牲形式保存内容。因此，翻译时发现 TL 与 SL 的表达方式不一致时，要敢于大胆甩开原文形式，用译语最佳的表现形式把原文的意思表达出来。只要不失原意，在词句、结构、比喻等方面作一些改变是必要的，可取的。

（三）翻译的审校

1. 翻译中的检验

（1）检验译文的传意性

有些译者在双语环境下长大，具有先天优势，另外一些译者通过自己长期艰苦的努力，第二外语的水平可以达到接近母语的程度，但是更多的译者还处在提高的过程当中，有时候难免发生理解上的偏差。在检验时，将译文和原文进行比较，看两者在各个层面的意义上有没有任何出入。许多理解上的偏差是可以被译者自己发现的，因为理解错误的结果往往是使译文缺乏合理的逻辑性，难以自圆其说。出现这种情况时，译者应该反复地琢磨原文，看问题到底出在哪里。

（2）检验译文的可接受性

在这里我们要强调译者的职业道德问题，译者担负着构建文化桥梁的任务，面对的是广大的译语读者，工作性质是十分严肃的。译者对自己的身份和责任要有一个清楚的认识，一定要有一个严谨的工作态度，保证译文的质量。从词句的层面来看，译者要检验遣词用句是否适当，进一步地字斟句酌，争取最好的表达效果；从篇章的层面来看，译者要检验语篇的衔接和连贯性，以及逻辑关系的表达是否清晰等。

2. 仔细审校

审校阶段是翻译过程中的最后一道工序，是理解与表达的进一步深化，是对原文内容进一步核实以及对译文语言进一步推敲的阶段。译者在翻译时尽管十分细心，但难免会有错漏或字句欠妥的地方。

可以说审校是翻译过程中必不可少的一个环节，译者必须认真对待这一环节。曾有人做过粗略的估计，在整个翻译过程中，审校花去的时间要占 70%，由此可见其重要性。

审校不是把译文粗略地看一遍，改掉几个显而易见的错误，而是一个对译文进行仔细校对和修改润色的过程。校对主要有两个目的，一是补漏，即看看译文中有无遗漏之处；二是纠错，即看看译文中有无明显的错误。

修改润色的目的是去掉初稿中的斧凿痕迹，即原文对目的语的影响或干扰，使译文自然流畅，更符合目的语的习惯。润色的最好做法是，先抛开原文，以地道目的语的标准去检查衡量译文并进行修改和润色+改完以后再与原文核对一下，以避免"自由发挥"之嫌。

审校阶段要特别注意审校译文中的人名、地名、日期、方位、数字等方面有无错漏；审校译文中的段、句或重要的词有无错漏；修改译文中译错或不妥的句子、词组和词；力求译文没有冷僻罕见的词汇或陈腔滥调，力求译文段落、标点符号正确无误。审校时通常必须审校两遍；第一遍着重审校内容，第二遍着重润色文字。

由于译者本人往往受自身思维模式的束缚，很难发现自己的错误，所以，在条件许可的情况下，最好请他人帮着审校，以便更好地发现和纠正错误。正因为如此，许多国际组织的翻译部门和商业性的翻译社都有不同的部门，对所有的译文层层把关。

第三节　翻译的理论性原则

一、翻译技能的发展思维与层次性原则

（一）翻译技能发展维度

翻译技能须按照"语法—语义—语用"层次发展。虽然翻译课多在外语专业高年级开设，但是他们当中仍有一部分语法能力非常欠缺，呈交的译文常常语法错误比比皆是。当然，语法的错误不一定要翻译教师亲自纠正，可以通过学生互相检查、讨论、评价之后再提交语法无误、衔接合理的译文，教师能将精力集中在语义和语用两个层次上。

语义层次的翻译教学要求学生在语法正确的基础上，做到正确阐释概念意义、内含意义、文体风格意义、情感意义，从而使译文的意义准确无误。

（二）翻译思维发展维度

翻译思维须按照"语言符号表征思维—图像形象表征思维—逻辑关系表征思维三个阶段"三个层次发展。

人类的思维发展要经历从形象到抽象的演变，心理学家对此早有深入的研究。皮亚杰的发生认识论认为，儿童的智力发展经历三个阶段：动作运算阶段（感知运动阶段和前运算阶段）、具体运算阶段、形式运算阶段。维果茨基指出儿童思维的发展经历含混思维、复合思维、概念思维三个阶段。布鲁纳则运用"再现表象"来划分人类的三个学习过程：表演式再现、映像式再现、符号式再现。

（1）学生的思维囿限于语言形式本身。翻译中常常寻求语法成分的对等，如形容词对译形容词、定语对译定语等。有学者通过实验证明，翻译学生的初始学习阶段为场依存，文本加工依赖小的组块分析，最后一年他们的形象思维才被激发出来。我们看到，有些教材上的"增/减词法""语法成分变换法"等，都是在语言符号这一思维层次上的运作。

（2）学生的思维已经挣脱语言形式的束缚。开始运用图像形象（包括视觉形象、听觉形象、味觉形象、肤觉形象、图表或表格等）作为表征载体进行译文的加工运作。这一阶段需要指导学生绕过原文的语言表面形式，训练他

们对与语言符号相对应的形象、图景在大脑中自由映现、创造表述。

（3）学生的思维不仅摆脱语言形式的束缚，而且能在形象的基础上根据事物之间的逻辑关系（如因果关系、时间关系、空间关系、铺垫/主旨关系、信息值高低关系等）进行思维，在译文将原语的事理逻辑充分凸显。处于这一思维层次的学生会将上一句译为：生物的组织、器官、系统乃至个体，都是由相互隶属的构造物组成。这一系列构造物好比一根大链条，链条上最后恒定的一环便是细胞。

（三）创造性发展维度

翻译创造性须按照"翻译普遍性—翻译个体性"两个层次发展。翻译普遍性是译文作为"翻译体裁"而呈现出的既不同于原语语言、又不同于译语语言的普遍特征。它包括：①简化：体现在词汇、句法、风格三个层次上，如采用上位词、统一词、释义等形式；长句变为短句、非谓语小句变为谓语小句细述的短语变为短的搭配等；②明晰化：如有学者指出，译文通过重复、冗余、增释和其他语言手段使得衔接更加明晰；③标准化：译文倾向于朝向译语的语篇规范，原文变异的标点符号、句子结构表述方式都被中和化，取而代之的是标准的译文用法；④语篇迁移与干扰法则：学者们认为，翻译时译者常常是从原文语言形式出发，而不是直接提取译文语言。语篇的迁移，不管是积极还是消极的，都受到源语的干扰；⑤目标语词项的显著特征：译文中某些词的分布特征既不同于源语，也不同于目标语的普遍特征，它具有自己独立的特征。①

以翻译普遍性为界标，翻译教学的初中级阶段要求学生达到翻译普遍性标准，即要求译文文体的普遍性、同质性；翻译教学的高级阶段则要求跨越翻译普遍性，在译文中复现源语的独特性、异质性。翻译教学初、中阶段因为以传达意义为主，所以诸如内含意义的外化、英汉互译的分句、合句等技巧都会导致特殊的"译文文体"——语言的常规化、风格的平淡化。在复现源语的独特性、异质性的高级教学阶段，首先可以训练学生设置"交际线索"，因为交际线索不仅可以保存信息内容，还可以保存风格特征以及风格特征所达到的特殊效果。某学者列举的交际线索包括：语义表征、句法特征、音律特征、语义制约、固定套语、拟声词、风格价值词汇、诗性声音特征；其次，训练学生掌握积极修辞与消极修辞、信息的标记聚焦和无标记聚焦、语言变异（包括语音变异、书写变异、语义变异、句法变异、篇章变异等）等手段，根据语言

---

① 于洋，高嘉，郭哲. 高校英语翻译理论研究［M］. 长春：吉林大学出版社，2017：29.

间的通约性再现或补偿原文多层次、多色度的信息，最大限度地表现原文的风格、气韵和意境；再次，在某些特定情境的翻译中，还可以遵从目标语的规范，彻底摆脱源语的影响和干扰，生产以目标语为参照标准的、具有创造性和个体特异性的译文。最后需要指出的是，在以源语为参照标准的翻译中，不是所有的普遍性都能被跨越：在语言间某些不具通约性的地方，只有用译文的普遍性代替原文的特异性。

二、"和而不同"原则

翻译应坚持"和而不同"的原则，这一原则具体包括以下几个方面的内涵。[①]

（一）忠实第一，创造第二

从某种意义上来看，翻译是译者所进行的一种再创造的实践活动。然而，这里所说的创造是相对的、有条件的，应在忠实传达原义语义和文化内涵的基础上进行。这在很大程度上和翻译的属性是分不开的，翻译作为一种实践活动。旨在使一种语言的读者借助于本国文字来了解其他国家的文化。也就是说，译者通过译语将原语文化介绍给译语读者，应尽可能地将不理解原文的人借助于译文知晓、了解并欣赏原文的思想内容和文体风格。此处所讲的思想内容不仅包括原语文本的语义内容，而且还包括原语文本的文化内容，并在理解原语语义和文化内容的基础上来进步理解原语文本的文体风格。要想将更好地实现上述目的，就应追求目的语文本与原语文本的意义相当、语义相近、文体相仿、风格相称。这也就决定了我们应该将"忠实"作为翻译的第一要则。

在翻译的过程中坚持"和而不同"的原则还要求在翻译实践中尊重原作和原语文化。也就是说，在翻译的过程中尽最大可能忠实原语文本，不随意删改、改造或对原作进行改写。然而，就实际来看，这种绝对的"忠实"并不存在，过分忠实于原义极有可能会导致死译、硬译，这也是翻译实践中比较忌讳的。此处所说的"忠实"，具体指的是如实、准确地表达原文的语义内容、文化内容和原文所传达的文化韵味，而不是刻意地追求语言表达形式的雷同。在真正做到在"意似"和"神似"的前提下还应兼顾"形似"。这些都是翻译工作者所追求的理想境界。

然而，在具体的翻译实践中，还往往存在着"文化空缺""概念空缺"以及语言表达方式差异等情况，如果拘泥于绝对忠实的翻译有时很难用恰当的译

① 杨贤玉. 英汉翻译概论 [M]. 武汉：中国地质大学出版社，2010：183.

语形式再现原文的语义内容和文化内容。此时，进行适当、得体的创造就非常必要。特别是对于文学翻译而言，这种"创造"特别是将提高审美价值作为其翻译目标的"艺术加工"更是不可或缺的。将翻译看成是对原作的再创造，事实上就是指译者借助于自己的创造性加工工作将原作的精髓用另外一种语言完美地再现出来。但是，这种创造绝对不是凭空想象地改写或歪曲事实，不能摒弃其文化内涵。总而言之，"和而不同"的原则应坚持忠实第一，创造第二，创造必须以忠实为前提。

（二）内容第一，形式第二

翻译所坚持的"和而不同"原则还应坚持"内容第一，形式第二"这一细则。这里的内容具体指的是原语语言本身所蕴含的语义、文化、情感等内涵。这里的形式具体指的是原语内容借以表达的语言外壳，具体包括原作的文本体裁、修辞手段以及语句篇章结构等。具体而言，就是应将内容的翻译处理、准确传递放在首位，同时，还应兼顾原语的文本形式，这样有利于更好地传递原语的文体风格。如果遇到维持原文形式很难有效传达原作内容的情况，就要牺牲形式来达到内容的准确。形式事实上是附属于内容并为内容服务的。不能为了追求形式而牺牲内容。甚至在必要时，还应适当地调整结构、增删字词、转换语义或对句型进行改换等。

三、科学论证原则

这里说的"论证"指以科学思维为依据的逻辑形式论证，因为唯心主义也有其论证方式。中国人讲究"了悟"，其中有符合唯物主义的心理过程，也受唯心主义的影响，在此过程中应当扬弃唯心主义的成分。[①]

任何学科都可以通过试验，开拓、发展为以现代逻辑的形式化为表现手段的科学，翻译学也不例外。所谓"现代逻辑的形式化"，基本的问题就是以科学的逻辑方法或智能符号系统来描述事物的本质及发展过程。在翻译理论中有争论的所谓"等值翻译"与"等效翻译"以及翻译的本质、翻译是科学还是艺术等问题，都可以以形式论证的现代逻辑方法加以论证；应该力求全面地、辩证地对待翻译学中所有的基本理论问题。

翻译风格学中的"模糊集合"也是可以进行认知科学和语言科学的功能性形式论证。人类模糊认识主要发生于感性阶段，以不确定性（uncertainty）为特征，精确认识主要产生于理性阶段，以确定性（certainty）为特征。而人

---

① 陈静，高文梅，陈昕. 跨文化交际与翻译 ［M］. 成都：电子科技大学出版社，2017：92.

的感性活动（感觉、知觉、表象）主要依据外部信息输入（原文的审美风格特征）。

因此，如果可以紧紧抓住审美客体的"自在存在"，并将其形式化为符号系统，根据频度、强度、效应等大量的定性、定量分析，确定"对象类属边界性"大体划分，使模糊的东西尽量精确化，从而尽量扬弃主观唯心的判断，那么，这时的所谓"悟性"，就可能凝结出真正的"灵感的火花"。在此基础上，对风格的感应和表达也就趋于准确。中国的文学批评史有自己的悠久传统，对文学风格的领悟和表达，通常凭借所谓"印象性术语"（impression terms），如"欢畅""晦涩""沉郁"，等等。印象性术语的优势是模糊性和概括力强，术语与术语之间的语义场交叠难分，因此用它们来表示事物有很大的灵活性。这个传统历史悠久，符合中华民族的文化、心理特征和意识过程，因此这方面值得发扬。同时，应该意识到，人类思维形式是发展的，科学论证的手段也应随着思维形式日趋完善。特别是在建立一门学科体系时，基本概念都应有科学的、严谨的界说，以此避免模棱两可、含糊其辞的现象。这样，就可以使论证更加符合客观实际，即语际转换规律的现实，力求避免唯心主义的臆断。

事实上，现代科学技术都可以为人们提供有力的论证手段，比如认知科学、语言学、现代美学、传播学、心理学、符号学等等，具体后续详细论述。

第四节　中西方翻译的发展历程

一、中国翻译发展历程

（一）第一个时期

人们对佛经翻译的起源观点不一，一般认为，西汉哀帝刘欣时期的《浮屠经》当为我国最早的佛经译本。大规模的佛经翻译则始于东汉恒帝建和二年（公元 148 年），译者有安息（即波斯）人安清与西域月氏人支娄迦谶（支谶）。安清，字世高，天资聪颖，笃信佛教，精于西域语言且通晓汉语，译有《大安般守意经》等 35 部经书，开后世禅学之源，被尊为中国译经的先驱。

所译佛经"义理明晰，文字允正，辩而不华，质而不野，为翻译之首"①。支娄迦谶和他的弟子支亮及再传弟子支谦都博学多闻，以翻译佛经闻名于世，当时有"天下博知，不出三支"之说。支谦不仅译经多，而且对翻译理论有精深的研究。其所著《法句经序》是现存最早的翻译理论文章。文中提出了"文"与"质"两种对立的翻译观，并对质派观点作了细致的阐述。

中国第一位本土翻译大家及翻译理论家当推道安。道安（314—385）组织翻译了经书 14 部 187 卷，共 100 万余字，还厘定了翻译文体。道安还创造性地总结了翻译规律，提出了著名的"五失本，三不易"的翻译原则。"五失本"即认为前代译经有五种改变原梵文经书的表达方式的情况，"三不易"大体上说因为时间的推移造成习俗的改变、译者才智远不如原经的圣人作者、译者态度精力上的不足三个方面导致翻译很不容易。道安主张直译，他说，他所监译的经卷，要求"案本而传，不令有损言游字；时改倒句，余尽实录"。②道安的翻译思想对后世影响巨大。

隋文帝统一中国后，大举兴佛，开启了佛教发展的新高峰。玄奘（600—664 年），通称"唐三藏""三藏法师"。于唐太宗贞观三年（629 年）冲破官府的重重阻挠，西去印度学佛求经。17 年间，刻苦学习梵语与西域语言，考察当地风土人情，对佛学研究更是不遗余力。贞观十九年（645 年）学成回国，带回梵文经书 657 部和大量佛物，受到热烈欢迎。随后立即在唐太宗的支持下建立译场，潜心翻译佛经，传布佛学要义。19 年共译经 75 部，1335 卷，占唐代新译佛经半数以上。同时还将《老子》《大乘起信论》等译成梵文，传入印度。他主持的译场有完备的组织，特别注重译文的检查和修改，即使现在来看也是十分科学的，因此成为后世译场的楷模。

玄奘的翻译熟练地运用了补充法、省略法、变位法、分合法、译名假借法、代词还原法等技巧，但其本人对翻译理论却鲜有论述，目前能见到的只有记载于《大唐西域记》序言中的"五不翻"观点，即五种音译的情况。音译即不翻之翻。五种情况是：咒语之类的神秘语，多义词，中国无对应物的词语，通行已久的音译，以及为弘扬佛法需要的场合。尽管"五不翻"主张精到全面，但与玄奘在翻译实践上取得的成就相比，还是很不相称的。

玄奘以后，佛教活动逐渐走向平淡，以潜在方式成为中国文化深层结构的一部分，佛经翻译日趋衰落。北宋译经尚有余响，南宋以后则几近销声匿迹了。

---

① 慧皎.《高僧传》。
② 李冰冰. 英语教学与翻译理论研究［M］. 北京：北京理工大学出版社，2017：5.

（二）第二个时期

从 16 世纪初叶起，西方的耶稣会传教士先后进入中国进行宗教活动，从 16 世纪末到 18 世纪持续近 200 年时间，这些传教士的使命就是向东方进行宗教扩张。在传教的同时，他们向中国人介绍了大量的自然科学知识。他们翻译了一些天文、数学、机械等自然科学著作，使中国人首次接触到西方科学技术知识，开阔了视野，增长了见识，并对中国以外的事物有了感性的认识。这一时期，意大利人利玛窦（Matteo Ricci）与我国近代科学的先驱徐光启合作翻译的《几何原本》前六卷最具代表性，影响最大。

利玛窦还与另一些近代科学的先驱人物如李之藻、杨廷筠、叶向高等人合作，翻译了一些有关天文、历算和其他自然科学的书籍。1857 年，英国人伟烈亚力（Alexander Wylie）与中国著名翻译家李善兰合作翻译了《几何原本》的后九卷，延续了几乎中断 200 年的科技翻译。这些科学书籍对于普及西方科学知识、促进中国自然科学的发展具有一定的积极作用。[①]

（三）第三个时期

第三个时期指鸦片战争至中华人民共和国成立这个时期。这一时期的一个显著特点就是翻译的主体发生了变化。第一个时期的翻译主体多是西域高僧，第二个时期是耶稣会传教士，第三个时期则是中国的知识分子，这一特点在甲午战争后更加明显。近代以来，不少仁人志士为了强国，加强了对西方科学技术的学习和研究。政府开办了不少外文学校，同时向国外派遣留学生。此外，教会学校和新式学堂也设有外语专业和外语课程，培养了大批外语人才。同时，一大批留学美国、欧洲、日本等地的学生也成为这一时期翻译的主体。

这一时期的翻译，除个别是几个人合作，如典型代表人物林纾外，绝大部分的翻译均脱离了合作的方式而由个人独立完成。其中绝大部分作品是文学翻译作品。从近代翻译的历程看，首先是科学翻译，而后是社会科学翻译，最后是文学翻译。文学翻译虽来得较迟，却对我国的翻译产生了深远的影响。

（四）第四个时期

中华人民共和国成立后，翻译呈现另一番景象。翻译遵循党的文艺方针，强调为社会主义服务。从新中国成立到 1966 年的 17 年间，文学翻译以苏联等社会主义国家作品及亚非拉国家作品的译介为主。俄国古典文学、批判现实主

---

① 吴丹，洪翔宙，王静.英语翻译与教学实践［M］.长春：吉林人民出版社，2017：10.

义文学、苏联现当代文学的重要作家都有译介，甚至列夫·托尔斯泰、高尔基、奥斯特洛夫斯基等名家的作品几乎全部译出，翻译家有吕荧、刘辽逸、汝龙等。亚非拉文学翻译家有楼适夷、季羡林等。比较而言，出于意识形态的原因，欧美作品的翻译着力不多，但也并非一片空白。英国文学方面，卞之琳用诗体翻译了莎士比亚悲剧《哈姆雷特》，传达了莎剧的气势；还有朱维之译弥尔顿的《复乐园》歌等，都取得了很高的成就。法国文学方面，傅雷翻译巴尔扎克的《人间喜剧》，赵少侯着重翻译莫里哀的喜剧等。翻译事业于改革开放中迎来了自己的春天，大大拓宽了翻译的范围，提高了翻译的质量，规模之大、影响之广不亚于历史上任何一次翻译高潮。

二、西方翻译发展历程

（一）古代时期

西方古代第一部重要的译作是《圣经·旧约》的希腊语译本。这个时期，翻译家们大都根据自己的翻译实践对翻译进行分析和论述，主要集中在直译还是意译这类问题上。奥古斯丁（Aurelius Augustinus）是与哲罗姆（Jerome）同时代的神学家、哲学家，对翻译理论有许多深刻的见解。他认为，翻译的基本单位是词；翻译有三种风格，朴素、典雅、庄严，其选用取决于读者的需求。他从亚里士多德（Aristotle）的"符号"理论出发，认为忠实的翻译就是能用译入语的单词符号表达源语单词符号指示的含义，即译语词汇和源语词汇具有相同的"所指"。这套理论对后世有深远的影响。

（二）中世纪时期

中世纪时期即西罗马帝国崩溃至文艺复兴时期。英国阿尔弗雷德（Alfred）国王（849—899）是一位学者型的君主，用古英语翻译了大量的拉丁语作品，常常采用意译法，甚至近于创作。11、12世纪，西班牙中部地区的托莱多形成了巨大的"翻译院"，主要内容是将阿拉伯语的希腊作品译成拉丁语，接续欧洲断裂的文化传统。中世纪末期出现了大规模的民族语翻译，促成了民族语的成熟。英国的乔叟（Geoffrey Chaucer）翻译了波伊提乌（Anicius Manlius Severinus Boethius）的全部作品和薄伽丘（Giovanni Boccaccio）的《菲洛斯特拉托》等，俄国自基辅时期起翻译了不少希腊语和拉丁语作品。翻译理论的代表人物有罗马神学家、政治家、哲学家和翻译家曼里乌·波伊提乌。他提出翻译要力求内容准确，而不要追求风格优雅的直译主张和译者应当放弃主观判断权的客观主义观点，这在当时产生了较大的影响。

（三）文艺复兴时期

从 14 世纪至 17 世纪初，西方翻译进入繁荣时期，产生了许多具有代表性的翻译家和有影响的翻译理论。英国翻译题材广泛，历史、哲学、伦理学、文学、宗教著作，无所不及。查普曼（Chapman）先后翻译了荷马史诗《伊利亚特》和《奥德赛》，取得了卓越的成就。他认为翻译既不能过于严格，亦不能过分自由。人文主义者廷代尔，以新教立场翻译《圣经》，面向大众，通俗易懂，又兼具学术性与文学性，取得了巨大的成功。然而，他的翻译触犯了当时的教会权威。1535 年，教会以信奉宣扬异教的罪名将廷代尔处以火刑。

语言学家、人文主义者多雷（Ferebory Dore）在其《论如何出色地翻译》中提出了翻译的基本准则：译者要完全理解翻译作品的内容；要通晓所译语言；语言形式要通俗；要避免逐字对译；要注重译文的语言效果。德国主要有路德（Luther）的《圣经》翻译，遵循通俗、明了、大众化的原则，在官府公文的基础上吸收了方言精华，创造了本民族普遍接受的文学语言形式，为德国文化的发展做出了杰出贡献。

总体而言，这一时期对翻译的认识和讨论十分热烈，由此奠定了西方译学的理论基础。

（四）近代时期

从 17 世纪至第二次世界大战结束的近代时期是西方翻译的黄金时期。1611 年，英国出版了《钦定本圣经》，译文质朴典雅，音律和谐，是一部罕见的翻译杰作。

这个时期的翻译理论较为全面、系统，具有普遍性。其代表人物有：英国的约翰·德莱顿（John Dryden）、亚历山大·弗雷泽·泰特勒（Alexander Fraser Tytler），法国的夏尔·巴托（Charles Batteux）。德莱顿对翻译进行了较为系统、全面的研究，认为翻译是一门艺术，译者必须掌握原作的特征，服从原作的意思，翻译的作品要考虑读者的因素。同时还将翻译分为三大类：逐字译、意译和拟作。泰特勒在 1790 年撰写的《论翻译的原则》一书中提出著名的"翻译三原则"：①

（1）译作应完全复制出原作的思想。

（2）译作的风格和手法应与原作保持一致。

（3）译作的语言应具备原作的通顺。

---

① ［英］泰特勒. 论翻译的原则 ［M］. 北京：外语教学与研究出版社，2007：140.

进入 19 世纪，德国逐渐成为翻译理论研究的中心。代表人物有神学家、哲学家施莱尔马赫（Schleiermacher），语言学家洪堡特（Humboldt）等。翻译研究的重点集中在语言和思想方面，逐步形成了一定的研究方法和翻译术语，从而把翻译研究从某一具体篇章中抽象分离出来，上升为"阐释法"。这种方法由施莱尔马赫提出，施雷格尔和洪堡特加以发挥。施莱尔马赫在《论翻译的方法》一文中较为全面地论述了翻译的类型、方法、技巧，形成了比较系统的翻译理论，在 19 世纪产生了重大影响，至今仍具有一定的现实意义和作用。

洪堡特进一步认为：语言决定思想和文化，语言差距太大则相互之间不可翻译，可译性与不可译性是一种辩证关系。洪堡关于"可译性"与"不可译性"的论述在今天同样具有重要的借鉴意义。①

（五）现（当）代时期

西方现（当）代翻译理论时期指从第二次世界大战结束至今，这一时期在翻译范围、形式、规模和成果方面都是历史上任何时期都无法比拟的。翻译理论研究在深度和广度方面亦取得了突破性的进展。这一时期，由于受现代语言学和信息理论的影响，理论研究被纳入语言学范畴，带有较为明显的语言学色彩；同时，由于在理论研究中文艺派的异常活跃，又使翻译理论研究带有明显的人文特征。所以，翻译理论的研究大都走科学与人文结合的道路。而且，翻译研究更加重视研究翻译过程中所有的重要因素，包括语言使用者的社会因素等，以及它们之间的相互关系和产生的相互影响，并以此解决翻译中的各种问题，使翻译这门学科具有较为成熟的学科特征。

现（当）代翻译理论时期涌现出一大批在翻译理论与实践方面成绩卓著的人物，并逐渐形成了流派。这些学派的研究使西方翻译理论逐渐形成体系，趋于成熟。

---

① ［德］洪堡特.论人类语言结构的差异及其对人类精神发展的影响［M］.姚小平，译.北京：商务印书馆，2017：128.

第二章 翻译的跨文化交际视角

在21世纪的今天，国际经济、政治、教育和科技等领域的交流与合作日益扩大，各国和各民族之间的交往和接触日益频繁，极大地促进了不同文化之间的交流和相互渗透。显而易见，语言翻译作为跨文化交际的桥梁对此起着不可或缺的重要作用。然而，不同文化之间的种种差异也给翻译工作带来了很多的困难，因此在翻译过程中必须给予足够的重视。

第一节 语言与文化的密切关系

一、语言的文化性

语言与文化是各民族人民长期共同劳动创造的结晶，具有民族和社会的属性。作为文化外在表现的语言，不仅折射人们的价值观念、审美情趣、伦理道德、礼仪风俗等文化特征，而且体现着人们看待世界的眼光、思考方式、思维习惯和心理态势。可以说语言具有明显的文化特征，是自成体系的特殊文化。语言是文化的产物，它的生成和发展与文化有着不可分割的联系，并受到文化的制约。文化作为人类物质活动的产物和精神活动的能力及结果，从一开始便与语言结下不解之缘。语言是由人创造、使用和发展的，离开了人，就无所谓语言；而语言的产生又使人有了文化，成为人类文明的象征。语言的这种双重能力及特征确定了语言的文化属性。就语言的文化价值而言，其文化属性主要体现在以下三个方面：反映文化、传播文化和制约文化。

（一）反映文化

语言具有民族性。民族性实质上是一种广义的文化性。民族差异不仅表现在思维、意识、心理等精神领域，而且还反映在语言系统本身，因为一个民族的语言系统本身就是一个完整的世界。我们可以很容易从民族的文字、语音、语法、词汇，即语言系统中找到各民族文化历史的积淀，如英汉语言在结构、形态、表义等方面的差异就是广义上的文化差异。

汉语是汉民族在长期共同劳动生活中创造的、具有汉民族特征的语言，在文字和句子结构上都与汉民族的思维有着深刻的联系。就文字而言，象形汉字以视觉符号直接表示概念，从形上可以直接理解其意思。它不仅能突破时空局限，而且与思维联系紧密。这是汉民族以直觉形象为原形，在图像化的基础上加标记来记事而形成的文字。它的形成与汉民族从整体上看待一切事物的思维方式有关，反映了汉民族的思维特征和汉字的音节特征，即可"声人心通"，也可"形人心通"。与此相比，英语则为表意性拼音文字。它不仅与西方民族的扩张性、冒险性的性格相关，而且还与其纯思辨的抽象思维方式及文化心态有关。美国著名心理语言学家沃夫（Whorf）认为欧美人善于利用空间（立体）思维，常对时间、强度和趋势进行三维描述，如 long/short interval of time，high/low intensity，tendency to rise/fall。[①]

（二）制约文化

我们看到语言受文化制约的同时，还应该看到语言对文化的反作用。既然语言是思维、意识的产物，又是思维、意识的表达手段，那么语言对文化的反作用就突出表现在语言对思维的制约上。正如美国人类学家和语言学家沃夫所说：一个人思想的形成，是受他所不能意识的语言形成的那些不可抗拒的规律支配的。[②] 可见，思维离不开语言，语言是思维赖以存在的载体，是思维的工具，没有语言就没有思维可言。语言是人类思维的外在形式，人们通过语言来感知、理解、认识和把握客观世界，也通过语言来表达丰富的内心活动，进行相互间的思维情感交流。

（三）传播文化

语言一方面是民族文化的载体，记录并反映着该民族的历史和现实，例如我们可以从大量英汉语言的谚语、成语、典故、颜色词、委婉语、禁忌语、身势语等中发现两个民族文化的独特渊源、文化传统、价值观念和生活习俗的轨迹；另一方面，语言的使用，使语言又有了文化信息的特征。因此我们说，人

---

① 陈忠华，韩晓玲．语言学与文化人类学的边缘化及共交迭领域 [M]．北京：外语教学与研究出版社，2007：102.

② 陈忠华，韩晓玲．语言学与文化人类学的边缘化及共交迭领域 [M]．北京：外语教学与研究出版社，2007：104.

们的沟通是文化的沟通，人们的交际是文化的交际。语言的沟通和交际，也是文化的沟通和交际。这是语言本身的文化价值所决定的。

二、文化对语言的影响

沃德·古迪纳夫（W. H. Goodenough）在《文化人类学与语言学》中写道：一个社会的语言是该社会文化的一个方面。语言和文化是部分和整体的关系。[①] 可见学习语言而不了解与其密切相关的社会背景、不懂得文化的模式和准则，就不可能真正学到语言。好的语言基础有助于深刻理解语言的社会文化意义，良好的文化修养和文化知识又能促进语言学习。

从狭义上来说，文化就是一个民族在自己的历史发展过程中形成的独特风格和传统。它对语言的影响是极其深远的。这首先表现在它给词语涂上了一层社会文化色彩，使词除字面意义外，还有一层内涵意义，这就是社会文化意义。我们知道，确定词汇字面的意义可以借助于词典，而领会内涵意义只能依据文化背景知识。不同的历史政治等背景都会给词语带来特定的含义。如果不了解社会文化背景，单纯从词汇本身不能理解其深刻的社会文化意义。如statesman 和 politician 的中文字面意义都是"政治家"，但 politician 却含有贬义，在英美人心目中指那些在政治活动中玩弄权术、谋取私利的"政客"。又如"精神文明"在我国对外发行的英语报刊上被译成 spiritual civilization，好像它们是一对非常贴切的汉英对应词组。但仔细探究其各自的文化内涵，我们就会发现在中文语境中"精神"总是与"物质"相对；而在英文语境中 spirit 往往与 physical body 相对，表示人的灵魂，具有鲜明的宗教色彩。

对不同的人来说，词语表示着不同的东西，甚至在同一时代的不同情景中，同一词语所指意义也有所不同。英语中的 love 是一个含有多种深厚感情意义的词，但在网球运动中则意味着令人沮丧的比赛失利的"零分"。fix 用在船只、卫星、无线电等方面表示"定位、方向"，但用在政界选举等方面却表示"贿赂、串通"等意义。美国英语还给 fix 新添了"整理""安排""牢记""确定"等词义。例如：

You fix my pillow. 你帮我整理一下枕头。

Fix the table. 请安排一顿饭。

I'll fix you. 我会记住你。

The race was fixed. 比赛已经定了。

文化与词汇紧密相连，因此把握词语的文化语境是理解原文意义的关键。

---

① 安红. 英汉幽默语篇的比较分析与研究 [M]. 天津：南开大学出版社，2016：109.

不同文化背景的人对同一词语会有不同的理解或产生不同的联想。例如 breakfast 的词汇意义是早餐。对西方人来说其内涵是牛奶、咖啡、面包，而对许多中国人来说却意味着豆浆、馒头、油条、稀饭之类。又如 She is a professional 对中国人来说，"她是一位某种职业的专业人员或某种工作的专职人员"；但对英美人来说，这句话会使他们理解为 She is likely a prostitute（她很可能是一个妓女）。再如"社会主义"是国际最引起误解的词语之一。虽然各国主要语言（除汉语外）在拼法上类似，但在含义上却有极大的区别：在英国、法国、德国和北欧各国，"社会主义"意味着在经济体制中逐步合法和遵照宪法的施行变革；在中国等国，"社会主义"是一种以公有制为主体的社会制度。

三、语言与文化的关系是形式与内容的关系

语言是一种特殊的社会化产物，语言对世界的描述和划分有一定的任意性和人为性，语言无须反映客观世界，所以，语言本身就是对现实世界的一种特殊的人为性或者毋宁说是社会性建构和解构。语言具有独立性和实在性。语言把人与外部世界隔离开来，于是，人永远无法做到直面客观存在，而且实际上人也无须直面客观存在。语言通过把人与客观世界分离同时又保护了人，维护了人性，没有语言的保护，人就是彻底的自然状态下的人，也就是野兽。海德格尔说，语言是存在的家，人生活在语言中，大概也可以作如是解。因此，语词并不一定与某种外在的东西对应，语言什么都不是，语言就是语言本身。用维特根斯坦的话说，语言就是游戏。

如果说语言是人生活的家，那么，文化就是人生活的世界，或者说语言是小家，文化就是大家。这样一来，语言从工具进入了本体。换句话说，既然文化是社会化的过程和结果，那么，语言是一种特殊的社会化的过程和结果，这就是说，语言是一种特殊的文化，所以，研究语言就不能脱离文化。不能脱离文化实际上就意味着不能脱离语言的社会性、人为性。这也就意味着说，语言的意义就是人对语言的使用，这种使用不是说单个个体的人的使用而是社会中的所有人共同的使用，所以，语言的意义也应该是一种人化、社会化的东西。因此，考察语言的意义也就不能脱离人、人的文化、人的社会、人的历史。这是我们所谓语言是一种特殊的社会化、语言是一种特殊的文化的应有之义。

从另一个角度说，语言与文化的关系是一种形式与内容的关系。语言承载着文化，它表达和描述的对象是文化，文化呈现自己的方式和手段是语言。就像我们在给翻译下定义的时候说过的，我们通篇所谈的文化都是这种广义的文化概念而非一般狭义的对文化的理解，比如，"文化下乡"意义上的"文化"，

与科技对立的人文学科意义上的"文化"，或者一个国家、民族上层建筑意义上的"文化"，等等。所有这些"文化"都仅仅是狭义的文化，是我们广义文化概念的外延的一部分。所以，语言与文化具有形式和内容关系，这是完全符合逻辑的说法。从这种广义而非狭义的文化和语言概念出发，翻译就只能是文化替换而非其他。这也是这种逻辑推演的必然结论。

最后，在哲学的语言论转向之后，翻译观念应有怎样的变化，如何看待翻译的实践问题，又应如何进行翻译批评等。目前，在人文科学的其他领域，尤其是文艺学和美学领域，在这一新的转向影响下已发生了翻天覆地的变化。而翻译界这方面的变化可以说是刚刚开始。可以说，我们这里所做的翻译新定义，就是希望承接这种转变，从而希望为翻译学建设奠定一定的理论基础。

第二节　文化翻译的内涵解读

一、文化翻译的定义

从文化的角度探讨翻译问题的确拓展了翻译研究的视野，深化了人们对翻译的认识。一时间，"文化翻译"这一术语频频出现在翻译研究的论文和专著中，但是该术语的使用存在一定的混乱，人们在使用该术语时其含义不一样，有时甚至完全相反。

其实，"文化翻译（cultural translation）"这一术语源于人类学。① 人类学家关注的并非纸质文本，而是作为生活和思维方式整体的文化。人类学家在偏远的非西方部落进行"田野调查"，然后用西方语言把该地区的文化介绍给西方读者，相当多的人类学家认为他们从事的实质上是文化的"翻译"工作。自19世纪以来，人类学家便对这种文化的翻译情有独钟，而20世纪40年代以来，由于人类学大师，牛津大学教授埃文思－普里查德（E. E. Evans - Pritchard）的倡导，文化翻译就逐步成为20世纪西方人类学家认同的使命。

人类学家用自己熟悉的语言记录偏远民族的文化生活，他们把这一工作比喻为翻译，说明两者之间存在着相似性，人类学家的"源文本"主要是指一个民族或一种文化的实际生存样态，而不是指语言文字写成的文本；"目标文本"则是人类学家用自己熟悉的语言（通常不是所调查民族的语言）表述的、

① 许钧. 翻译论 [M]. 武汉: 湖北教育出版社, 2003: 387.

自认为是真实反映那一民族或文化生存样态的语言文字文本。由此可以看出，人类学家的工作和翻译家的工作本质上是相同的，即把一种文化的文本用另外一种文化的语言文字表述出来，不同之处只在于源文本的形式有别。人类学家在借助

　　"翻译"的观念，或者说是从翻译的角度探讨他们所从事的工作，他们对"文化翻译"的观念和方法进行了深入细致的讨论，得出了不少洞见卓识。以翻译做比喻的概念被另一门学科作为方法论加以阐发、深化，我想我们翻译研究者应该可以从这些认识中获得对翻译更深刻的认识。

　　与人类学家的观点不谋而合，前述语言、文化和翻译的关系表明，不了解语言所承载的文化，就难以真正掌握该语言，也难以全面深刻地把握翻译的本质。翻译从表面来看是一种语言转换活动，从深处来看则是一项文化交流和文化阐释活动。

　　翻译理论界较早提出"文化翻译（cultural translation）"这一术语的是美国翻译理论家奈达（Eugene A. Nida），他在与泰伯（Charles R. Taber）合著的《翻译理论与实践》一书中把"文化翻译"与"语言翻译（linguistic translation）"，作为两个对立的概念进行了定义①。随着人们对翻译中文化问题的关注，"文化翻译"这一术语成了翻译研究的一个关键词。但是在我国翻译界对这一术语的使用却出现了问题，必须澄清才能开展探讨，其实这也是本书研究的主旨和内容。对于"文化翻译"的定义可谓多种多样，有的甚至截然相反；对于它的内涵也是观点不一，令人倍感困惑。

　　概括起来，人们对"文化翻译"的理解大致有以下数种：（1）两种语言文化之间的翻译；（2）有关文化内容/因素的翻译；（3）一种翻译方法，把一种语言文化的表达方式转换成另外一种语言文化的表达方式；（4）一种翻译方法，把一种语言文化的表达方式保留到另外一种语言中；（5）从文化的角度进行翻译研究。我国大多数文献在使用"文化翻译"这一术语时，其所指含义是"原文中特有文化内容/因素的翻译"。这样定义"文化翻译"符合汉语的表达习惯，已有的一些术语如"文学翻译""科技翻译""经贸翻译""法律翻译"等等，都是以内容为标准划分的翻译类型。以此类推，把"文化翻译"定义为"原文中特有文化内容/因素的翻译"，人们会觉得易于理解，乐于接受。然而，文化内容或文化因素广泛地存在于原文之中，或者说无处不在，翻译就是把一种文化的语言文字产品转换成另外一种语言文字的产品。基

---

① Nida Eugene A., Taber Charles R.. *The Theory and Practice of Translation* [M]. Shanghai: Foreign Language Education Press, 2004, 201+205.

于这一点，我们可以说凡是翻译即可称为"文化翻译"。对于"文化翻译"的这两种理解，显然可用"狭义""广义"区分，前者属狭义，后者属广义。广义的文化翻译实质上是指一种跨文化交流，是把翻译当作一种文化沟通的手段，把译者当作两种文化之间的"中介"（mediator）；狭义的文化翻译是指文化特色词汇和表达方式的翻译。

翻译的基本原则是"信"（faithfulness），文化翻译（指文化内容/因素的翻译）作为翻译的一个次范畴，当然应该遵守翻译的基本原则。但是文化翻译也有自己的特性，即传达原文的文化意义。针对这一特性，我们可以把文化翻译的基本原则定为"在目的语中忠实地再现原文的文化意义或者说在文化上信于原文"。① 严格说来，这是一个难以达到的理想境界。因为语言和文化紧密结合在一起，语言是文化的一部分，同时也是文化的载体，语言的意义总是直接或间接地反映其文化。各种语言都有自己鲜明的民族文化特点，这些特点可以表现在语言的各个方面。按照通常的划分，语言分为语音、语法、词汇三个方面，语音对文化的反映最薄弱，其次是语法，反映文化最直接、最丰富的是词汇②。在翻译的过程中，语言符号改变了，语言所依托的文化系统改变了，使语言具有文化意义的文化土壤改变了。因此，译文要达到百分之百地在文化上忠实于原文是不可能的，除非我们为译语重新构建一个与源语一样的文化系统。

语言是文化交流的工具，但有时也是文化交流的障碍，这使得翻译处于一种两难的境地。"再现原文的文化意义"的原则通常受到种种其他因素的制约，如翻译目的，文本类型，译语文化传统，意识形态等。③ 在文化翻译中，常有这样的情形：某些孤立的词、句的文化形象的牺牲，是为了在更大的语篇中求得整体的忠实。

译者一方面要深入了解外国文化，另一方面译者还得深入了解自己民族的文化。"不仅如此，他还要不断地把两种文化加以比较。他在寻找与原文相当的对等词的过程中，就要做一番比较，因为真正的对等应该是在各自文化里的含义、作用、范围、情感色彩、影响等等都相当。"④ 王佐良提出的翻译中寻找对等词的过程实际上是文化翻译所经历的过程，而且对文化翻译具有方法论的意义。文化翻译应建立在对源语和译语两种文化进行深入细致的对比研究的基础之上，是在充分考虑两种语言文化之后做出的抉择。不顾译语文化特点，

① 刘晓民，刘金龙．大学英语翻译教学：问题与对策 [J]．山东外语教学，2013，34（05）．

② 刘亦庆．文化翻译论纲 [M]．武汉：湖北教育出版社，1999：109．

③ 王玉西．对大学英语翻译教学若干问题的思考 [J]．中国翻译，2010，31（06）．

④ 王佐良．翻译：思考与试笔 [M]．北京：外语教学与研究出版社，1989：18-19．

一味按字面直译，照搬源语的结构形式，以为只有如此，才能保留原文的语言文化特色，才能算作忠实的翻译，这其实只是"形式对等"的"逐词死译"，这种译法在大多数情况下非但不能保留原文的文化意义，反而会使原文的文化意义在译语语境下丧失殆尽或被扭曲误解，这样就会使翻译最基本的交流目的难以得到保证。当然，不顾源语文化特点，用具有浓厚译语文化特色的、固有的表达方式翻译原文特有的一些文化思想观念，这样的翻译抹杀了原文的文化，蒙蔽了译文读者，同样也难以达到真正的交流。

二、文化翻译与文化的关系分析

文化阐释是文化翻译的核心。没有准确的文化阐释或解读，就不可能有准确的翻译。但是翻译过程中由于语言符号的差异，其蕴含的文化意义往往不同，在翻译的过程中很难复制原文的文化意义。意义的根本在于阐释，阐释有利于信息的有效传播，并使文本的意义变得清晰。在翻译的过程中，由于文化语境以及阅读期望的不同，根植于原文的一般意义演变为文化意义。脱离了原文的文化语境，往往产生不同的文化意义。因此通过适当的文化阐释，能使原文的意思或者大致相似的意义在译文中再现，并通过文化阐释帮助目的语读者捕捉相关的文化意义。

伽达默尔在《真理与方法——哲学诠释学的基本特征》中谈到翻译时，指出："翻译者必须把所理解的意义置于另一个谈话者所生活的语境中。这当然不是说，翻译者可以任意去理解讲话人所指的意义。相反，这种意义应当被保留下来，但这种意义必须在新的语言世界中以一种新的方式发生作用。因此一切翻译就已经是解释，我们甚至可以说，翻译始终是解释的过程，是翻译者对先给予他的词语进行的解释过程"①。"在对某一文本进行翻译时，不管翻译者如何力图进入原作者的思想情感或是设身处地把自己想象为原作者，翻译都不可能纯粹是作者原始心理过程的重新唤起，而是对文本的再创造。而这种再创造乃是受文本内容的理解所指导，这一点是完全清楚的，翻译所涉及的是解释，而不是重现"②。

文化阐释的目的是为了获取和解码意义，至少接近意义，同时还要考虑到由于不同的文化语境、原语读者和译语读者之间理解的差异性。目的语读者如

---

① ［德］伽达默尔.诠释学：哲学诠释学的基本特征 I：真理与方法［M］.洪汉鼎，译.北京：商务印书馆，2007：518.

② ［德］伽达默尔.诠释学：哲学诠释学的基本特征 I：真理与方法［M］.洪汉鼎，译.北京：商务印书馆，2007：520.

果缺乏相应的文化背景或文化视野，便无法靠想象力去填补意义的空白。译者适度的阐释有利于文化意义的理解和重构，也有利于跨文化交流中的文化参与和互动。孙艺风认为，"翻译的适当与否在很大程度上取决于阐释是否合理可靠，同时还要为目的语读者留出适当的阐释空间。""翻译的根本在于阐释，而阐释无论是在翻译之前，还是在翻译过程中，都扮演着举足轻重的角色，也许还能决定译作的接受情况。"① 意义转换的前提是对原文意义的理解和阐释。因此，从某种意义上说，翻译的过程也是一种意义阐释的过程。德国翻译理论家阿克塞尔·布洛赫（Axel Bulher）在《作为阐释的翻译》中指出"每一次翻译都是一种阐释，基本说来，译者所处的情形与正在做解释活动的人所处的情形相同"②。在对翻译阐释做了详尽的分析之后，布洛赫认为，"翻译作为一种纯粹阐释性行为，其主要目标就是：①对原文作者交际意图的确认；②对原文作者思想的确认；③对源语言成分约定俗成的意义的确认；④为适应目的语使用者而对原文进行改写。"③ "诠释学的一切前提不过是语言"④。文化阐释的落脚点最终也是落到语言和文本。文化阐释通常是对词语文化意义的文化阐释和对文本结构的解释和文化解读。虽然意义是一个开放的体系，对意义的解读具有多样性和不确定性，但是译者对意义的文化解读应遵循相应的原则。刘宓庆总结了文本解读的三个本位关照原则：第一，翻译学解读文本的基本依据是理解"文本本身"；第二，翻译学对文本的理解和解码，如对隐喻、疑义、讹夺等意义的理解应该恪守取证定夺的原则，取证的范围包括文本内证、文本外证、人文互证等；第三，由于主观、客观条件的发展变化，文本的文化解读完全可能因人而异⑤。因此，不同的译者在翻译同一文本时，会有不同的阐释，导致不同的译文，或者不同风格的译文。

翻译作为一种语言转换活动，必然涉及跨时间和跨文化的阐释。跨文化的翻译是一个复杂的诠释过程，尤其是文学翻译。文学翻译是一个再阐释的过程。原作者是生活在源语文化环境中，通过对其自身所处环境的观察、对本族文化的理解以及个人的情感体验创作作品，从而表现自己人生的态度和对源语文化的感受。作品中所流露的感性认识或理性思考，都体现了原文作者对本族文化的阐释，即便有描写异域的题材，但其描写的视角依然是从自我文化的立

① 孙艺风. 翻译与多元之美 [J]. 中国翻译，2008（4）：13.
② 陈永国. 翻译与后现代性 [M]. 北京：中国人民大学出版社，2005：311.
③ 陈永国. 翻译与后现代性 [M]. 北京：中国人民大学出版社，2005：326.
④ [德] 伽达默尔. 诠释学：哲学诠释学的基本特征 I：真理与方法 [M]. 洪汉鼎，译. 北京：商务印书馆，2007：517.
⑤ 刘宓庆. 文化翻译纲论 [M] 北京：中国对外翻译出版公司，2007：188.

场出发。因此，原作者对源语文化的认识本身就是一种阐释。译者通过对这种阐释的再一次阐释，诠释作者对于源语文化的理解。并通过这种诠释，将译者所理解的源语文化呈现在目的语读者面前。同时，译者必须认识到，这种阐释受制于时空的变化、文字意义的不确定性以及译者所在的社会文化的规范。作为译者，他的阐释只能是努力去接近原作者阐释的源语文化。另外，译者的阐释完成后，翻译文本就会接受来自目的语读者的又一次阐释，从而完成作者阐释、译者第二次阐释、目的语读者第三次阐释的过程。这个过程也是文学作品产生、译介和阅读的过程。从此过程可以看出作者、译者和读者之间的相互联系，他们在翻译过程的不同阶段，承担了不同的阐释角色，又相互关联，这种主体之间的交往或主体间性，使得对作品的阐释不断深化，作品的思想内容得到进一步叙述，审美情趣得到进一步提升。

三、文化翻译与文化传播的关系分析

文化翻译的目的就是文化传播。文化全球化加速了各民族文化的交流、借鉴和融汇，文化翻译就是把一个文化中独特的内容和文化现象介绍到更多的文化中去，文化翻译活动有助于打破文化的趋同与单一，建构多样和谐的文化生态。但在实际的跨文化交际中，文化翻译面临不同文化之间的竞争，既要促进国际文化发展的多元化趋势，又要抵制文化霸权。

要维护世界文化的多样性并与文化霸权抗争，实现世界多元文化的平等对话，就必须加强文化传播。就中国文化而言，我们当前积极开展的汉译外活动就是积极的文化传播，通过汉译外的文化翻译，弘扬中华民族文化。"每一个国家的翻译都是与文化战略联系在一起，也就是说，将翻译定位为文化战略手段，实质服务于国家或者民族的核心利益。这就是所谓的'文化翻译政治观'"①。我国翻译史上的三次翻译高潮都具有明显的文化战略目标。

文化的本体论特征具有：民族性、传承性、流变性和兼容性②。文化的民族性和传承性使文化具有相对的稳定性和排他性，使文化翻译面临一定的困难，要将一个民族文化传播到另一个文化当中，并被其接受，具有一定的阻碍。但是文化的流变性和兼容性又使传播成为可能。

文化翻译是文化传播的一种方式。文化翻译必须考虑文化传播的效果，因此使用不同的文化翻译策略可能会导致不同的文化传播效果。翻译必然发生在一定的社会环境和条件之中，依托特定的社会历史潮流与时代变迁而服务于某

---

① 刘宓庆. 翻译教学 实务与理论 刘宓庆全集 8［M］. 中国对外翻译出版社，2007：13.

② 刘宓庆. 翻译教学 实务与理论 刘宓庆全集 8［M］. 中国对外翻译出版社，2007：14-20.

一特定社会群体，传播其文化与价值。

"文化翻译是一种文化互动而不是简单的同化。翻译的衍生性和调节作用意味着跨文化翻译是阐释的具体化，而不是文化形式的直接转换。"①成功的文化翻译必须是一次有效的跨文化交流和文化传播。为了达到这一目的，翻译通常会对文本进行文化改写。改写是否有助于或阻碍了来自源语文本的信息，取决于文化翻译最终所导致的差异。

文化即传播，传播即文化。文化传播是文化展现的形式，同时也是文化形成的主要途径。在传播的过程中，我们按照当前文化存在和发展的需要去设计，当这种文化的偏向与文化传播的偏向一致时，文化就融合，形成新的文化。当文化的偏向与传播的偏向不一致的时候，不同文化背景的人与人之间的理解与沟通就会困难。因此，传播可以看作是创造、修改和转变一个共享文化的过程。在传播过程中，文化圈不断扩展、延伸，并与其他文化圈发生交流关系，形成了创造、修改和转变一个共享文化的过程。文化传播表现为文化的内在张力，传播的可以是多渠道、多层面的，但是通常都离不开各种形式的翻译。各种形式的文化翻译本身就是一种文化传播行为。

第三节　跨文化翻译的必要性——跨文化交际

一、跨文化交际概述

（一）文化的概念

文化是我们要厘清的第一个基本概念。文化一词早就出现在汉语中，但其意义与西方人的理解有较大的出入。在汉语中，"文"的本意是指交错的纹理、错杂的颜色、交汇的笔画乃至复杂的现象等。"文，错画也，象交文。"②后来，它的意义被引申为包括语言文字在内的各种象征符号，进而具体化为文物典籍、礼乐制度；又由纹理之意导出彩画装饰之意，引申为修饰和人为，进一步推衍为美、善、文德教化以及文辞和文章。③"化"的本意是变化、造化

---

① 孙艺风. 翻译与跨文化交际策略 [J]. 中国翻译，2012（1）：20.
② 许慎. 说文解字 [M]. 北京：中华书局，1963：63.
③ 冯天瑜，等. 中华文化史 [M]. 上海：上海人民出版社，2005：72.

和化育等。它表示，二物相接，其一方或双方改变形态或性质，由这层内涵引申为教行、迁善、告谕、使人回心转意和化而成之等。① "文"与"化"的一同使用首次出现在《易经》中。《易经》贲卦的象传说："刚柔交错，天文也。文明以止，人文也。观乎天文，以察时变，观乎人文，以化成天下。"商周社会的人文大抵不外乎诗书礼乐之事，文化的意义主要指文德教化，其中的精神内涵远远大于物质内涵。② 这种用法一直延续到清末民初。其后，随着西方思想观念的大量输入和逐步的本土化，文化在汉语中含义不断发生演变，现已大体接近于西方人的现代定义。

西方文化这个词的拉丁词根是 colere，可以表达耕种、居住、敬神和保护等意义。早期，文化主要意指礼貌和涵养和心灵的陶冶等，后来用于指涉宗教和高雅艺术。19 世纪以降，它开始产生平民化转向，呈现出某种现代的意义，指有特色的生活方式。文化在当代的用法大致有三种：（1）用来描述知识、精神与美学发展的一般过程；（2）用于指涉一个民族、一个时期、一个团体或整体人类的特定生活方式；（3）用作象征知识，尤其是艺术活动的实践及其成品。③ 学者们对它所下的定义可谓洋洋大观，不一而足。克莱德·克拉克洪（C. Kluckhohn）在其《人类之镜》（Mirror of Man）一书中用了将近 27 页的篇幅将众多学者对文化的定义依次总结为：（1）一个民族的生活方式的总和；（2）个人从群体那里得到的社会遗产；（3）一种思维、情感和信仰的方式；（4）一种对行一为的抽象；（5）就人类学家而言，是一种关于一群人的实际行为方式的理论；（6）一个汇集了学识的宝库；（7）一组对反复出现的问题的标准化认知取向；（8）习得行为；（9）一种对行为进行规范性调控的机制；（10）一套调整与外界环境和其他人关系的技术；（11）一种历史的积淀。④ 不久之后，他和克罗伯（A. Kroeber）一道收集了 1871 年以来半个多世纪中众多学科学者们对文化所下的近 300 个定义，发表在他们 1952 年合著的《文化：概念与定义之回顾》　（Culture：A Critical Review of Concepts and Definitions）中。

（二）交际的概念

我们认为，交际是人们相互交换信息、相互影响、共同建构意：义与身份

---

① 冯天瑜，等. 中华文化史 [M]. 上海：上海人民出版社，2005：56.

② 刘象愚. 文化观念的演化 [J]. 高等学校文科学术文摘，2006（4）.

③ Williams, R. Kewords：A Vocabulary of Culture and Society [M]. London：Fontana Press，1983：47.

④ ［美］克利福德·格尔茨. 文化的解释 [M]. 韩莉，译. 南京：译林出版社，1999：12.

的过程。在人类交际中，信息的传递无疑是最基本的。然而，信息传播的主体是人，因而他/她不可能完全机械、单向地传送；双方传达信息的情感、意向和方式都不可避免地影响到交际的过程。交际的过程远非仅仅是信息的交换，它还包括交际者之间的相互沟通、相互协商乃至相互冲突；意义的建构既不是一方强加于另一方的东西，也不是另一方试图让对方接受的东西，而是双方共同努力、相互妥协后达成的共识。既然交际属于社会行为，它自然涉及社会关系与社会身份的建构，通过交际我们不仅传递信息，建构意义，而且还确立相互之间的关系与身份。

（三）跨文化交际的概念

首先，跨文化交际发生在不同文化相遇的交际场合中。参与社会内部交往的人们具有相同的文化身份，介入跨文化交际的人们来自不同的文化，两者之间最根本的差别莫过于文化背景和母语。① 因为，只有文化与交际结合的时候，跨文化交际才能产生，在社会交往中原本作为背景、隐而不现的文化被推到了前台。② 其次，跨文化交际者以言语或非言语形式交换信息，商讨共识。因为他们没有共享的参照框架，有时还缺乏共同的语言，即便拥有共同的语言，其语言能力往往也很不对称，所以相互交流充满了各种各样的障碍和困难。相互理解需要经过耐心、细致和持续的努力；共识的达成实际上是一个对话或谈判的过程。再次，跨文化交际者在交流中建构良性的互动关系，确定彼此认可的身份。跨文化交际开始时，交际者把对方看作陌生人；当双方相互了解后，他们就有可能建立稳定、互惠的关系。在建立跨文化关系的时候，交际者不仅界定自我地位，而且分辨对方的角色，他们通过协商实现身份的建构与维护。

二、跨文化交际的原则

交际是人们之间的信息互动过程。在交际的过程中，双方对言语和行为交际方式的使用，对内涵的解读和对信息的反馈往往受到多种因素，如交际者的个人素养（包括年龄、性别、性格、教育、认知、人生观与价值观等）、社会环境（包括社会制度、生活环境、生产和生活方式、习俗等）、交际的时间和

---

① Chen, L. Interaction involvement and partners of topical Talk: A comparison of intercultural and intercultural dyads [J]. *in International Journal of Intercultural Relations*, 1995 (19).

② 姜飞. 从学术前沿回到学理基础——跨文化传播研究对象初探 [J]. 新闻与传播研究, 2006 (3).

场合以及交际的态度和意图等的影响，致使交际有质量的高与低、效果的好与坏、结果的成与败的差别。

要想成功地实现交际的目的，达到理想的交际效果，交际者不仅要了解交际双方的文化差异，选择恰当的言语和行为，还必须遵守一定的交际原则。交际既然有文化圈内和文化圈外之分，那么交际的原则也有区别。对于圈内交际主要应该遵循交际的基本原则，也可以叫作微观交际原则。而对于圈外交际既要遵循交际的基本原则，还要遵循文化交际原则，也可以叫作宏观交际原则。

言行是一种交际的心理现象，往往能展现人们的交际心理过程。在交际过程中，必须做到言行得体，恰如其分。得体的言行，有助于实现交际的目的。反之，就会影响交际心理的展现，妨碍相互之间的交流。在交际过程中，首先要遵循的是交际的质量原则、礼貌原则、得体原则等基本交际原则。

（一）礼貌原则

交际过程中的举手投足或者是话语都会对交际产生实质性的效果影响。礼貌要求涵盖行为和语言两个方面。

行为举止的礼貌要求在地域和民族乃至群族内部都普遍存在。例如，在中国，有"行如风，坐如钟，站如松"的体态礼仪要求；有"男女授受不亲"的异性交往礼仪要求；有"东家不请，西家不饮"的餐饮礼仪要求，等等。在欧美国家里，注重服饰与着装，如男士穿西服打领带，女士穿裙子或者礼服等。

交谈作为相互间心理沟通的过程，需要双方都以对方为交往对象而密切地协调与配合。在交际过程中，要耐心地倾听对方说话，并积极地做出各种反应，如专注的眼神、点头赞许或鼓励的手势等。即使不同意对方的观点，也应让人把话讲完，不要急于争论而打断对方的话语。

在交际过程中，有些行为往往被视作不礼貌的行为。如说话时用手指（食指）指点对方。在公交客车上，如果售票员在查点人数时用手指点数，会让乘客觉得不快。在一些旅游客车上，受过培训的导游就会避免用手指点来查点人数。

但是，不同地域和民族乃至群族之间的礼貌原则存在显著差别。例如在中国，比画小孩的身高往往是以五指并拢，掌心向下的方式来表达的。而在南美的一些国家，则是以五指并拢，掌心向内的方式来表达的。中国人的表达方式被他们认为是比画动物的高矮的，用来比画小孩的身高则被看作是一种轻蔑的做法。

礼貌原则不仅可以体现在行为上，也可以体现在语言上。语言交往是人类社会交往中一种必不可少的基本形式。俗语"良言一句三冬暖，恶语伤人六月寒"就告诉人们语言对于人们交往所产生的影响。如在中国，对长者的称谓需要根据亲疏关系、辈分与年龄等因素来具体确定；对自己使用谦称，对对方使用尊称，等等。法语里也有尊称"vous"（您）和平称"te"（你）的区别。在韩国，不能对自己的母亲使用尊称。这些都是礼貌原则在语言中的体现。

（二）得体与适应原则

所谓得体是指交际中的言语和行为适得其所。由于交际的对象、目的和情境不同，因而存在交际的对应性，也就是说，交际中的言语和行为也要审时度势，因时、因地、因人而变以适应交际环境的变化。

从交际行为来说，既要入乡随俗，又要维护自己、国家和民族的尊严。

入乡随俗就是尊重或者遵从对方的习俗和规范。例如，在西方社会，宴会上人们主要是用高脚的"glass"喝红葡萄酒，倒酒时一般只倒 1/3 杯，且通常是一口干了。而在中国，人们常用陶瓷小酒杯喝烈性的白酒，倒酒时一般要倒 2/3 杯。喝茶水时，西方人习惯喝凉水，往往给客人倒半杯的量，等客人喝干再添。而中国人则习惯喝热茶，给客人倒茶时往往是 2/3 杯的量，等客人喝完一部分就马上添加。

在交往中，有些不怀好意的人故意设计圈套或者陷阱，用以侮辱对方，使对方的尊严受损。这时应该机智地奋起反击，以维护自己乃至国家和民族的尊严。

（三）质量原则

所谓质量原则就是在交际过程中交际话语应该提供足够而又不致让人产生误解的信息量。质量原则包括质和量两个部分，质的部分要求交际话语所提供的信息准确，而量的部分要求交际话语所提供的信息充分。交际是一个将信息在交际者之间不断进行传送和反馈的互动过程。如果达不到应有的质量原则要求，往往会导致交际中的误解甚至交际的失败。

第四节　跨文化交际中的语用失误现象

一、语用失误的概念

1983 年，英国语言学家珍妮·托马斯的论文 "Cross-cultural Pragmatic Failure" 在《应用语言学》发表。我国学者已普遍接受了 "pragmatic failure" 的概念。可是，学界对这一概念的翻译和理解却不统一，黄次栋称之为 "语用错误"①，何自然称之为 "语用失误"②，王宗炎称之为 "语用误差"③。我们赞成 "语用失误" 的说法。

所谓语用失误，在 Thomas 看来，是指人们在言语交际中没有达到完满的交际效果的差错④。一般认为，当说话人在言语交际中使用了符号关系正确的句子，但说话不合时宜，或者说话方式不妥、表达不合习惯等，具体说来，说话人不自觉地违反了人际规范、社会规约，或者不合时间、空间，不看对象，不顾交际双方的身份、地位、场合等，违背目的语特有的文化价值观念，使交际行为中断或失败，使语言交际遇到障碍，导致交际不能取得预期效果或达到完满的交际效果，这种性质的错误就叫语用失误。

从上面对语用失误概念的界定可知：

（1）语用失误有广义和狭义之分。广义的语用失误，指任何语言使用错误，包括拼写错误、语法错误之类的语言运用错误。语用学学者多研究狭义的语用失误，即语言使用的可接受性，而不是语法正确与否。

（2）语用的最高原则是得体，也可以说语用失误是语用者违反了得体原则所产生的后果。具体地说，就是违反了人际规范，忽略了社会文化背景和交际的具体场合等，或为无意违背，或为取得某种效果。

（3）语用失误的界定是以说话人为参照点的，不考虑听话人的理解能力和过程，尽管失误的最终判定取决于所使用的语言对听话人产生的效果如何。所以，交际成功与否就是所使用语言的实际交际价值（以 A 表示）和说话人

---

① 黄次栋. 语用学与语用错误 [J]. 外国语，198（1）.
② 何自然. 中国学生在英语交际中的语用失误 [J]. 外语教学与研究，1986（3）.
③ 王宗炎. 英汉教学语言学词典 [M]. 长沙：湖南教育出版社，1988：36.
④ Thomas, J.. *Cross-cultural Pragmatic Failure* [J]. Applied Linguistics, 1983（4）.

意欲表达的含义（以 B 表示）等同与否。若用 C 表示说话人非意欲表达的含义，那么语用失误的情形就是 A＝B＋C 或 A＝C，也有人称 misunderstanding 或 miscommunication，但不是 noncommunication。

国内学者一般都采用珍妮·托马斯的分法，把语用失误分为语用语言失误和社交语用失误。这种分法基于语用者对语言语境或社会文化语境把握不当。语用语言失误指对语言语境把握不当导致的语用失误；社交语用失误指交际中因不了解或忽视谈话双方的社会、文化背景差异而出现的语言表达失误。但是"两类语用失误的区分不是绝对的。由于语境不同，双方各自的话语意图和对对方的话语的理解都可能不同，因而某一不合适的话语从一个角度看，可能是语用语言方面的失误，但从另一个角度看，也可能是社交语用方面的失误"①。

另一种分法是以交际发生在同一文化中还是在跨文化中为标准。国内许多学者在谈到语用失误时，总是与跨文化交际联系起来，似乎语用失误只发生在本族语者和非本族语者之间的交际中。其实，广义的跨文化交际包括使用同一语言但文化背景不同的人们之间的交际，语用失误有跨文化交际中的失误和母语文化交际中的失误的区别，或称为语际语用失误和语内语用失误。就国内研究资料中，很少有学者研究语内语用失误。

二、造成语用失误的原因分析

（一）中西方文化存在较大差异

1. 隐私方面的差异

隐私存在于各种不同的文化中，是人们控制和调节与他人交往的机制。在当前文化多元化和文化全球化的进程中，隐私已成为人们日益关注的重要话题。在跨文化交际中，由中西方文化差异引起的隐私观的差异是造成人们交流障碍的因素之一。

中国人和西方人有着各自独特的隐私观念。以集体主义为主要价值取向的中国人十分崇尚群体隐私，但个体隐私的意识比较薄弱。中国人往往认为个人应该归属于集体，在一起要讲究团结友爱，互相关心。因此，中国人很愿意了解别人的酸甜苦辣，对方也愿意坦诚相告，并将交换个人隐私方面的话题作为谈话双方迅速拉进心理距离的一种方式。相反地，以个人主义为主要价值取向的西方人则崇尚私有和个体隐私，私人时间、私人空间、私人活动领域以及私人权利都属于他们要极力保护的隐私。他们讲究个人隐私，不愿意向别人过多

---

① 何自然. 语用学概论 [M]. 长沙：湖南教育出版社，1988：63.

提及自己的事情，更不愿意让别人干预。

2. 餐饮方面的差异

所谓"民以食为天"，饮食文化能够反映出不同民族之间在生活习惯和文化思维方面的差异。在饮食方面。中国人很注重形式，讲究"色、香、味"俱全。在中国烹调里，菜的样式千变万化，每一道菜都非常讲究色、香、味的搭配。而西方人讲求实际，在菜的花色变化上不会下太大工夫，而更讲究营养搭配，注重菜的内在质量。再看看餐具的差别——刀叉和筷子，这不仅带来了进食习惯的差异，也影响了东西方人的生活观念。刀叉必然带来分食制，而使用筷子则需要与家庭成员共同围坐在桌边进餐。由此便衍生出西方人讲究独立，子女长大后独立闯世界的想法和习惯，而中国人更喜欢老老少少坐在一起的其乐融融。

中华民族素有热情好客的优良传统。中国人宴客，即使美味佳肴摆满一桌，主人也会习惯性地讲几句"多多包涵"之类的客套话。主人有时会用筷子往客人的碗里夹菜，用各种办法劝客人多吃菜、多喝酒。而在西方国家，中国人在饭桌上的这种热情好客经常被认为是不文明。西方人讲求尊重个人权益，他们不会强人所难，其习惯是"Help yourself, Please"。

3. 时间观方面的差异

时间观作为非语言交际的要素之一，对跨文化交际的影响已越来越受到众多学者的重视。在非语言交际各要素中，关于时间的使用及其代表的意义和产生的交际行为，是导致交际失误的要素之一。

由于中西方文化在哲学观、历史背景、社会模式等方面千差万别，对时间的观念和态度也存在着很大差异，因而产生了不同的时间取向模式。西方人的时间观和金钱观是紧密联系在一起的。"时间就是金钱"的观念根深蒂固，所以他们非常珍惜时间，在生活中往往预先对时间做了精心的安排和计划。在西方，要拜访某人，应事先通知或约定，并说明拜访的目的、时间和地点，经商定后方可进行。如果没有得到对方的应允，随便上门会被认为是不礼貌的行为。无事打电话闲聊也被西方人视为扰乱别人私人时间和活动安排的行为。而中国人在时间的使用上有很大的随意性。例如，在中国，亲朋好友和同事之间的串门很随便，邀请别人来访无须为对方确定时间，自己去探访别人也无须郑重其事地征得其同意。

4. 礼仪方面的差异

礼仪是人与人之间交流的规则，是一种语言，也是一种工具。由于形成礼仪的重要根源——宗教信仰——不同，世界上具有不同宗教信仰的人们遵循着各不相同的礼仪，中西方之间存在着不同的礼仪文化。随着我国改革开放的步伐日益加快，跨国交际日益增多，中西方礼仪文化的差异越发显露，这种差异带来的影响不容忽视。

中国人注重谦虚，在与人交际时，讲求"卑己尊人"，并把这看作一种美德。在别人赞扬我们时，我们往往会自贬一番，以表示谦虚有礼，"惭愧""哪里""寒舍""拙文"等谦虚之词就应运而生。而西方国家却没有这样的文化习惯，西方人对恭维往往表现出高兴与感谢，如当他们受到赞扬时，总会很高兴地回答"Thank you"以表示接受。正是由于中西方的文化差异，让我们觉得西方人过于自信，毫不谦虚；而当西方人听到中国人否定别人对自己的赞扬，或者听到他们自己否定自己、甚至把自己贬得一文不值时，通常会感到非常惊讶，认为中国人不够诚实。在西方人看来，中国人的这种做法不仅否定了自己，也否定了赞扬者的鉴赏力。

（二）认知差异

语用学的研究总是把认知与社会的关系联系在一起。言语行为属于社会行为，也必然同认知发生着联系，而语用失误是言语行为的一部分，因此，我们很有必要对语用失误的认知原因进行探讨。从语言和认知的关系看，语言是一种认知活动，认知先于语言，认知语言学的迅猛发展为语言现象的分析提供了新的路径。在跨文化交际中，交际者要进行成功的交际，除了要掌握跨文化交际所需要的语言结构（即语言的内在系统——构成该语言的语音、词汇和语法的整体系统），更必须具备较强的语境认知能力，懂得如何联系语境去准确理解跨文化交际中话语的字面意义，并根据不同的社交语境的需要，调整自己的交际策略，恰当地表达思想。

1. 语境与跨文化

毫无疑问，在跨文化语用领域的语境研究需要更多地关注其差异性。这是因为言外语境出现了较明显的变化——不同语言之间形成的语际差异，不同社会的价值观念差异，不同文化传统熏陶下的主体的认知语境差异，等等，都是跨文化语用交际研究中出现的特有问题，都需要高度重视和认真分析。这主要有以下两种情况。

（1）单语语境和双语语境

跨文化语用由于有一方通常使用的是非母语，使交际的语境由单语语境变成了双语语境。诚然，这种双语语境在语用中的表现形态为隐含式的，即交际双方在即时使用的语言为单一的（一方为母语，另一方为非母语），如以汉英两种语言为母语的人在一起的交际，或用汉语或用英语。但在交际中，使用非母语者总难免会带上母语的种种特征，而使用母语者也常常用自己语言的各种规范来看待和要求对方，这二者之间无疑是存在差异的，由此，就可能出现各种语用失误。

（2）高语境和低语境

汉英跨文化语用交际还会出现一个十分明显的差异，这就是两种语言在语用中对语境的依赖程度是不同的。美国著名的人类学家霍尔提出了"高语境文化"和"低语境文化"一对概念，认为西方国家如英美基本上都属于低语境文化，东方国家如中国、日本都属于高语境文化。这两种文化的差异主要表现在对语境的依赖程度上。在高语境文化中，人们的交际常将较多的信息量或蕴涵在社会文化环境及现场情境之中，或内化于语用主体的心中。这样，人们的言语表达中所负载的信息就相对较少，而对语境的依赖程度就较高，人们对语境的提示也较为敏感。而在低语境文化的交际中，人们更多地通过话语本身来负载所要表达的意义，较少依赖相关的情境和言外语境。

在跨文化语用交际中，这两种语境文化的接触不可避免，由此产生的文化冲突也就时常可见。高语境文化国家（如中国、日本）中的人不爱表露自己，将自己的感情隐藏起来。言辞内敛，不夸夸其谈被视为更有吸引力（"沉默是金"便说明这一点），较重视言语环境所传递的信息。而低语境文化国家或地区（如美国和北欧等）的人在交际中，常常通过语言本身将信息明白无误地表达出来。它要求清楚的描述、明白的交流和高度的准确性，强调"Say what you mean""Don't beat around the bush"或"Get to the point"。

在跨文化语用交际领域，因语境而引起的差异还有不少。从理论上说，言内语境和言外语境都会引起差异。不过对于跨文化语用交际而言，言外语境的差异性更为突出。

2. 心理图式与语用失误

认知心理学家认为，认知指人类个体内在心理过程或心理活动的产物，它具体指能使认识主体获得知识和解决问题的操作和能力。它不仅寓于人类意识水平之上的认识活动中，也寓于某些非意识行为的过程中。如信息的获得、理解、验证等过程中无不包含认知成分；对输入信息的识别、注意、编码、储存和提取同样蕴涵着认知成分。索绪尔曾指出：语符是一个概念和一个声音表象连接在一起……它是一个双向的心理实体，声音表象不是物理的声音，它是声音在心理上的印记。因此，语言使用的研究应该从人类的认知能力出发。桂诗春认为，认知处理是整个交际过程的中心环节，而认知是"语言运用的心理过程的基础"。

下面，我们从三个方面分析认知过程中的心理图式与语用失误的关系。

（1）意象的突显

认知心理学家认为人类具有对过去经历进行总结的能力，能从过去的经历中概括出各种类型并确定它们的共同特征，然后建立起知识结构，并将其储存在记忆中，用于以后理解听说交际中类似的语篇，即在以后的交际中若遇到与以往经历相同的语篇时，人们就会自动地运用这种知识结构理解当前的语篇。这就是图式理论。图式是先前知识结构在人脑中的结构化，是惯例的或习惯性的结构化，它在经验的组织或理解过程中的作用相当于"概念骨架"。

人类在认识感知世界时，客观世界的人、物和事件在人脑中留下的印迹就是心理图式，这种印记的体现方式之一就是具体的客观事物在人脑中产生的图像即意象。意象是人类知识的基本成分之一，是人脑构思情景的不同方式，语言表达式体现约定俗成的意象，即说话人选择某个表达式时，是以某种方式构思情景，为表达目的而构造其概念内容的。客观事物与此图像保持一致性和相似性。例如，"三角形"在人脑中的图像是三条直线围成的封闭图形，这是所有正常人能感知并共享的基本图像。这种图像即基体，是意象的相关范围。比如，说到"公鸡"，不可能想到"电脑"的图像，否则无交际可言。但由于人们认知客观事物的经验不同，同一客观事物在不同人脑中的图像会有差异，这种差异便是"意象的突显差异"。如"三角形"，在甲的头脑里可能是直角三角形，而在乙的头脑里可能是等边三角形。由此我们可以说，人脑在形成客观事物的意象的基体的同时也包括了客观事物的意象的突显部分。心理图式是基体和突显部分的结合体。基体具有客观性，它不以人的主观意志而改变；意象突显部分则是主观的，不同社会群体文化背景的人对基体的相关范围有不同的界定。因此可以断定，在跨文化交际中交际双方意象的突显差异是语用失误的根源。

（2）知识脚本

心理图式的体现方式除了意象之外，还有知识脚本。意象是以图像的方式存在于大脑中的，但客观世界的万事万物并不总能以图像的形式体现，心理图式还可体现为抽象的概念。但人们在获得概念的时候，由于人脑的容量有限，必须对外界输入进行处理。客观世界在人脑中变成了被感知的世界，这不仅包括直接感知的经验，而且包括一堆抽象的理论的构件。在语言交际过程中，社会文化因素以经验或信息的方式不断输入大脑，从而产生了相关的内容和形式结构，输入的事件先形成事件模型，然后以事件模型的形式在进一步的交际中不断充实更新，逐步演化成比较全面的、包括多种前设知识的知识结构。这种构件在理解语言结构时活化，在语言生成时控制话语的目标、方向、内容，使之连贯。就社会心理表征（图式）而言，强调一准则，忽视另一准则是一种文化现象，降低一两条准则在交际中的地位，并不等于破坏交际原则，而是用一两条准则的代价，去获得总体上的合作。对准则的厚此薄彼，在不同文化里可有不同的心理表征排列方式。这种表征的排列还要受到其他因素的影响，这涉及语言的使用参数，即具体事件的特殊知识结构或脚本，包括该事件的情景知识。"知识脚本"是指专门为经常出现的事件序列设计的知识结构，是人类基本行为单位的认知结构，具有动态性、依赖性，并以"预料"为基础。

脚本的最终选择是所有参数互动的结果，这不仅在于场合的具体性，还在于交际者所处的文化的具体性。所有的文化都提供了得体的交际行为准则，规定了在特定的语境里什么行为必须或可以发生，什么行为不能发生。跨文化交际中要避免语用失误，就必须对本族文化和其他民族文化有深入的感知，避免和克服文化定势。

（3）元语用意识

元语用意识是指交际者在选择语言，做出顺应时表现出来的自我意识反应。维索尔伦认为所有的言语交际都反映出说话者一定程度的自我意识或倾向。一旦语言意识形态在大脑里建构起来，元语用意识就会在头脑里占据主导地位，将会对说话者的话语进行自我调控。这种调控不会离元语用意识很远，更不会在短期内否定元语用意识在头脑中的主导地位。而语用失误出现的关键就在于调控的环节上。跨文化交际时，交际者为了顺应对方的话语，在头脑中进行了潜意识的调节，但这种调节无法冲破已有的元语用意识，换句话说，头脑中原有的思维定式占据了主导地位，话语的调节就较容易失败，在这种情况下，语用失误就容易产生。

（三）母语负迁移及语用失误

语用负迁移是指母语对目的语的一种负面影响，即外语学习者将母语里关于某个言语行为的语用知识或规则等，照搬到目的语中表达同样的言语行为。显性的母语负迁移现象在学习者的语言输出中大量存在，如将母语的文化背景、价值取向、社会规范等迁移到目的语的使用中，出现不得体的语言表达等。负迁移对交际的成功构成潜在威胁，常常引起交际失误。

根据语际语用学理论，语用失误是由语用负迁移引起的。具体来说，语用语言失误主要是因为说话者在使用目的语时，说话不合时宜、说话方式不妥、不合适的表达习惯等导致的交际不能取得预期的效果。泽戈瑞克和潘宁顿认为，在绝大多数情况下出现的语用失误主要是由于受到语用负迁移的影响，即"二语学习者错误地将母语中的语用知识类化到了目标语的语境中"。母语负迁移主要表现在以下几个方面。

1. 语言的负迁移

学习者往往会把母语的某些语言项目直接迁移到目标语中，从而导致错误的出现。洛特认为。满足以下标准的其中任何一个错误都可归结为母语负迁移的影响。

（1）类比的延伸

当目标语的某个语言项目和母语中的某个语言项目在语音、拼写、句法、语义上有共同之处时，学习者常会出现这种错误。例如，学习者往往把"红茶（black tea）"译为"red tea"。虽然有些词语字面意思相似，但实际意义却相去甚远。这就要求英语学习者不可孤立地学习词汇，而要将其置于一定的文化背景中，注重两种文化背景的比较，了解两种文化的词语差异在语言中的不同表现形式。

（2）结构的迁移

有不少学习者常用第一语言的特征来代替目标语的特征，所以他们常会犯一些语法错误，因为他们遵循的是母语的规则而不是目标语的规则。例如，学习者经常把"我非常喜欢旅游"译为"I very like travelling"。同样地，学习者将母语的句式直接套用于目的语，或者用母语的标准来理解目的语的句式或表达，产生语意内涵的偏差。原因在于，尽管语言的表层结构没有变，但是相同的表层结构很多时候在不同的语言中有不同的言外之意。

2. 文化的负迁移

母语的迁移不仅体现在语言项目的形式上，还体现在文化的迁移上。正如赖利所强调的，文化迁移在交际事件、参与双方的方式，以及他们实行的特殊的行为、实现的手段、讨论及发展的话题、规约语篇的方式等方面都表现得非常明显。这表现在以下几个方面。

（1）言语行为的迁移

研究发现，受传统文化的影响，中国人实施"请求"行为时，有时过于间接，经常以"暗示"的方式请求别人做事。而这种间接的请求策略在跨文化交际中常会使西方人感到茫然。

（2）文化价值观的迁移

汉语和英语是两种完全不同的语言，分别反映了具有聚拢性特点的集体文化和具有离散性特点的个人主义文化。在被称为"I"文化的个人主义文化中，个人的内在被看重，人们倾向于在不同而不是相似中定义自我。中国文化属于集体主义文化，被称为"we"文化。这种文化注重的是集体价值，强调互相帮助和彼此的责任。在集体文化中，个人的事情就是集体的事情，所以，人们常常喜欢闲聊，谈论年龄、婚姻、工作、收入等一些私人话题。但是若将这些迁移到跨文化交际中，尤其是将这些话题列为禁忌的英语文化交际中，恐怕会造成原本希望通过寒暄、闲聊来拉近交际双方的关系却最终因文化价值观念冲突而导致语用失误、交际失败的局面。

第三章　跨文化交际中语言文化差异及其翻译理论与实例

中西方由于文化背景、历史背景、思维方式、地理环境、价值观念等方面的差异，英汉语言在词汇、句子、语篇等语言文化上也存在着很大的差异。在跨文化交际背景下，了解英汉语言文化差异对英语和汉语的学习有很大的帮助，同时也能够促进英汉翻译的发展与进步。本章主要以跨文化交际为背景，对英汉词汇、英汉句子、英汉语篇进行了系统对比，并列举了大量相关的翻译策略及实例。

第一节　英汉词汇对比与翻译

一、英汉词汇对比

（一）词性对比

英汉语言有着各自不同的特点，英语属于典型的静态语言，英语中很少使用动词来表示动作含义。汉语则不同，汉语属于典型的动态语言，句子中的动作意义大多使用动词来实现。英语和汉语在静态和动态上的差异性在英汉词性上尤为突出。① 下面就对英汉词性进行对比。

1. 名词主导与动词主导

所谓的名词主导，指的是在英语中名词的使用频率远远高于其他词。英语中的名词有很多都来源于动词，这些动词可以用于表示动作、行为、状态、以

---

① 张娜，仇桂珍. 英汉文化与英汉翻译［M］. 成都：电子科技大学出版社，2017：191.

及某种情感等。英语中的谓语动词有形态变化，且每个英语句子中都只含有一个谓语动词。因此，名词在英语中的使用非常广泛。而相对于英语而言，汉语中的名词的使用则没有那么多，汉语不同于英语，其属于逻辑性语言，动词不受形态的约束，因此在句子中使用动词较多，有时一个句子中会连续使用多个动词。名词主导和动词主导是英汉词汇在词性上的最大区别。

2. 介词对比

由于英语中以名词为主导词类，名词的使用较多，而频繁使用名词必然会导致英语介词的广泛使用。据统计，英语中的介词共有 280 个之多。英语介词分为四类：简单介词，如 in，on，by，from 等；双重介词，如 from under，from behind，along by 等；合成介词，如 without，upon，outside 等；成语介词，如 in spite of，in front of，on behalf of 等。相对于英语而言，汉语中介词的数量则很少，汉语中的很多介词都是由动词转变而来的。

3. 形容词对比

英语中的形容词可以用作定语、表语、宾语补足语以及状语等。英语中的形容词具有明显的动态特征，而汉语中的形容词的作用远不及英语中的形容词那么广泛，汉语中的形容词一般用来修饰名词，做定语。

4. 副词对比

英语中不仅形容词具有动态含义，很多副词也具有动态含义。汉语中的副词则一般只用于修饰形容词或动词。

（二）英汉构词对比

1. 英汉转化构词对比

转化法（Conversion）被认为是英语中一个特别能产的构词法，似乎不管是什么结构形式的词，也不管是什么词类的词，都有相当一部分可以进行转化。然而，大多数介绍汉语构词法的著作却从来不把转化法列为汉语的一种构词方法。原因是英语中的转化是指词类的转化，这种转化是否应被称为零派生，在语言学界至今仍存在着分歧。① 而汉语是一种孤立语型语言，词的语法功能并不依赖于词尾变化形式，因而汉语中的许多词是兼类的，谈不上转化不转化。可以说，英语的转类词与汉语的兼类词相当。虽然名称有别，其性质是一样的。

2. 英汉派生构成对比

派生法（Derivation）通过给词根加词缀而构成新的词。派生法也是英语

---

① 吴丹，洪翱宙，王静. 英语翻译与教学实践［M］. 长春：吉林人民出版社，2017：37.

中一种特别能产的构词法，有时一个词根可加几个词缀。汉语的词缀数量有限，这一系数比较封闭（closed），较难产生新词。除名词、动词、形容词有少量词缀，大多数词没有形态标志。

加缀派生法就是在词基（单词或词根）上添加构词词缀从而生成新词的方法。而英汉语构词法主要是词缀上的对比。

（1）词缀的分类对比

根据不同的分类标准，词缀可以分为不同的种类。而在这方面，英汉语即存在很强的可比性，无论从宏观上还是微观上，汉语都要稍逊一筹。

宏观上，按其在词里的位置来看，词缀可分为前、中、后缀。英语中三种词缀均有，而汉语中关于词缀这一问题则存在争论。何善芬认为[1]，汉语只有前、后缀；而陈光磊则认为[2]，汉语中还存在中缀，比如：里（糊里糊涂）、得/不（来得/不及）等。按语法功能，英语词缀可分为名词性、动词性、形容词性、副词性词缀等，汉语的可分为名词性、动词性、形容词性等；按其语义功能，英语可分为表示人的、表示事物的、表示性状的，汉语则主要是表示人的。总体而言，英语的词缀在数量上比汉语丰富，运用范围也比汉语广泛。

微观上，英语有派生能力的词缀要是前缀和后缀。一般说来，前缀只是修饰词干的意义，但并不改变其词类，如形容词 natural，加上前缀 un-变为 unnatural，词义发生变化，而词类未变。后缀不仅改变词的意义，而且使词干由一种词类转变为另一种词类。如名词 boy，加上后缀-ish，即变为形容词 boyish。然而，也存在例外情况：英语中也有少量能改变词类的前缀，如 a-（asleep）、be-（belittle）等等。当然不改变词类的后缀也是存在的，如-hood（boyhood）、-let（booklet）等。

而汉语中地道的构词词缀不多，前缀和中缀尤其少，后缀较多些。但汉语里类词缀相当丰富，类词缀即比词缀虚化程度差的一种半实半虚（一般是虚＞实）类似词缀的词素。

两相比较，可以总结出以下几点：

①汉语中某些词缀在英语中可以找到对应词缀，前缀如不、单、多、反、非、可、前、亲、无、新、半、超、次、泛、类、伪、亚、准、自等，后缀如度、家、论、师、手、性、学、炎、员、上、化、者、分子等，这体现了英汉语两种语言的内在联系或相似性。

②汉语中相当数量的词缀特别是后缀在英语中没有对应词缀，前缀如本、

① 何善芬. 英汉语言对比研究［M］. 上海：上海外语教育出版社，2005：130.
② 陈光磊. 改革开放中汉语词汇的发展［M］. 上海：上海人民出版社，2008：37.

令、舍、先等，而上面列出的大部分后缀在英语里均找不到对应词缀。从另一个角度看，英语中也有大量的词缀在汉语中找不到对应词缀，这充分说明英汉两种语言的不同。而英语中下面两种现象在汉语中也是极少见的：其一，英语中某些表人的后缀还可表抽象意义或其他事物；其二，英语后缀还有一缀多性的特点，即同一个后缀具有多种词性。

（2）零派生或转化法对比

所谓零派生或转化法，就是在不添加词缀的情况下通过改变词性而派生新词义的方法。转化法是英语中一个特别能产的构词法，似乎不管一个词是什么结构形式，属于什么词类，都有相当一部分可以相互转化。

英语中的转化主要有：名词转化为动词、形容词转化为名词、形容词转化为动词、名词转化为副词。介词转化为形容词，等等。

相比之下，汉语的这种构词能力非常弱。但尽管如此汉语中也有少量零后缀派生词，如：领导、导演、主持、导游、领班、编辑、教练、领队等。这类词是由动词带零后缀构成的表示动作执行者的词，相当于英语中的"Subject of V"。而其他的汉语兼类词则很难说是一种转化，因为"汉语是一种孤立型语言，词的语法功能不依赖于词尾屈折变化形式"。

（三）文化内涵对比

各个社会有其独特的文化，文化包罗万象，在社会的各个层面都有所渗透。语言也属于一种特殊的文化，是文化的写照和载体。由于词语是构成语言的基石，因此各民族文化的特性往往在词语层面上有所体现。而词语的文化内涵差异主要体现在词义层面。

1. 联想意义

英汉语言中有大量比喻性词语，如成语、典故、颜色词、植物词等，这些词具有生动、鲜明的联想意义及民族文化特色，一定程度上是不同民族思维方式和习惯的反映。虽然很多词语的本体可以对应，但存在明显的文化内涵差异，即具有不同的联想意义或缺少相对应的联想意义。例如：

drink like a fish 牛饮

2. 象征意义

受英汉各自民族文化的影响，英汉很多词语也呈现不同的象征意义，尤其是颜色词、数字词与动植物词等。也就是说，在不同语言中，同一概念可能被赋予了不同的象征意义。例如，red 与"红"虽然都可以象征喜庆、热烈等，但英语中的 red 有时象征脾气暴躁，如 see red，而这在汉语中是不存在的。

（四）英汉词义特征对比

由于英汉文化的不同，词汇的外延可能会有差别，而词汇的内涵也常常发生变化。这些变化既可以是单纯的指示意义上的，也可以是语体色彩或感情色彩上的。对比英语和汉语，词汇的意义有四个特征：词义基本对应、词义平行、词义空缺、词义冲突。

1. 词义基本对应

词义基本对应是指词汇的指示意义、隐含意义、使用以及转换的范围基本一致。[①] 由于人们在认识和改造客观世界的时候有养基本相同的生活体验，这种相同的生活体验就使不同语言间词义的基本对应成为可能。这种现象可以称作为一种文化重叠（culture overlap），因而这些词汇的隐含意义、使用以及转换的范围是相通的。因此，翻译时常常直译。

2. 词义平行

词义平行是指英语和汉语都认同某一事物的现象或者概念，但是两种语言所采用的表达方式却不一样，它们在语义上是平行的，是一种同义套用。[②] 词义平行通常在单词以上的语言表达法里特别突出。翻译时，一般用形式不同但喻义相同或相似的译文来代替原文。

3. 词义空缺

词义空缺是指由于受文化的约束和影响（例如，生活环境、风俗习惯、价值观念的差异），有的词义存在于一种语言之中，但在另一种语言中却不存在。由于语言间的词义空缺现象普遍存在，在表达某一事物现象或概念的时候，英语和汉语也常常缺乏相互对应的词语，这就给英汉语之间的翻译增加了困难。翻译时，可以采用音译、直译、意译以及对它们的混合使用来实现英汉语之间的词义转换。

（1）汉语中的词义空缺

首先，汉语中有不少从英语借用过来的外来词，翻译时，一般用音译、意译或半音译半意译的方法。

（2）英语中的词义空缺

对应汉语中的词义空缺，我们可以采用类似的翻译方法来实现汉语和英语之间词义的相互转换。如可以采用音译或音译+注解、直译或直译+注解等方法。

---

① 董俊. 英汉词义对比 [J]. 中学生英语，2016 (34).
② 苏琪. 英汉词义对比与翻译 [J]. 呼伦贝尔学院学报，2002, 10 (3).

4. 词义冲突

词义冲突是指语言与语言之间存在矛盾，或者说某些语言现象之间存在着相互对立的关系。[①] 由于英汉社会制度的不同、价值观念以及风俗习惯的差别，两种语言之间不可避免地存在词义冲突。此外，英汉语中还有一些词在一种语言里是中性词，但在另一种语言中却变成了褒义词或贬义词。

二、词汇的翻译及实例

（一）找对等词

英汉词汇翻译技巧之一就是找对等词，所谓的找对等词指的是在目的语中寻找与源语意思表达相同或类似的语言。对等词的确定在一定程度上受到语境的影响，因为在不同的语境中同一个词的意义会发生变化。例如：

As lucky would have it, no one was hurt in the accident.

幸运的是，在事故中没有人受伤。

上例中，原句中都为"as lucky would have it"，但是其汉语翻译则相去甚远，造成这种现象的原因主要是语境的不同。第一句中的结果是乐观的，因此将其翻译为"幸运的是"比较恰当。

（二）拆译

拆译主要针对的是翻译难度较大的词语，这些词语在句子中往往很难恰当地译出，此时就可以将这些比较难翻译的词从句子中"拆"出，使其成为主句之外的一个补充成分，或重新组合到译入语中。例如：

There was always the chance, and it is that chance which had excited and be fooled the imaginations of many continental tyrants.

但可乘之机毕竟存在。而正是这个才使得欧洲大陆的不止一个野心君主跃跃欲试，对我们大生觊觎之想。

（三）融合

融合指的是在翻译时完全脱离了源语词义的限制，将原句中的词的意义蕴含于整个句子中，融合翻译法注重的是将句子中词汇的意义翻译出，而不苛求

---

① 张谢，潘洁. 英汉词义对比分析与翻译 [J]. 文学教育，2010（1）.

句子形态上的一致。① 例如：

It can be said for his justification that he had to give up when any advice he gave her causes nothing but back talk.

平心而论，他也只好就此罢休，因为每次他给她提意见，她就顶了回去。

（四）增译

所谓增译法，是指在翻译过程中适当增加一些单词或词组。增译法的目的在于从语言形式、语法、语义等层面提高译文的可读性与可接受程度，通常出于以下两个方面的考虑。

1. 根据语义需要

由于英汉语言在词语用法、搭配习惯、句法结构等方面的差异，翻译过程中常常为了使语义更加清晰、明白而增加一些原文中没有的词语。例如：

This typewriter is indeed cheap and fine.

这部打字机真是价廉物美。（增加名词）

2. 根据句法需要

由于英语与汉语在语法规则、表达方式方面的差异，英语中有时会省略一些句子成分。因此，汉译时应采取增译法，从而使译文信息更加完整。

（五）减译法

所谓减译法，是指将原文中的一些词在译文中予以删减。需要特别说明的是，采取减译法应严格遵循"减词不减义"的原则，即不能将原文中的重要信息或中心思想删除，而应将一些与译文表达习惯不一致或者可有可无的内容予以删除。② 例如：

A square has four equal sides.

正方形的四条边相等。（删减动词）

---

① 柏嘉凝，万明莉．英汉词义的对比及翻译方法探究 [J]．佳木斯大学社会科学学报，2007（3）．

② 董晓波．英汉比较与翻译 [M]．北京：对外经济贸易大学出版社，2013：57．

第二节　英汉句子对比与翻译

一、英汉句子对比

（一）英汉句子结构对比

1. 英语句子的结构

英语句子有严谨的主谓结构。这个结构通常由名词性短语和动词性短语构成。主语不可或缺，谓语动词是句子的中心，两者协调一致提纲挈领，聚集各种关系网络。因此，英语句子主次分明，层次清楚，前呼后拥，严密规范，句式呈"聚集型"。

现代英语有五种基本句型，即 SV、SVP、SVO、SVoO、SVOC。即使是祈使句，也只不过是省略了主语的句子。其基本句型如下：

（1）SV 句型：其中的谓语动词为完全不及物动词，可以单独作谓语。例如：

He laughed.

（2）SVP 句型：其中谓语动词为连系动词，需接主语补语做补足成分。例如：

The flowers smell sweet.

（3）SVO 句型：其中的谓语动词为及物动词。例如：

Children often sing this song.

（4）SVoO 句型：其中的谓语动词为双重及物动词，需接两个宾语（直接宾语和间接宾语作补足成分）。例如：

I bought mom a red dress last summer.

（5）SVOC 句型：其中的谓语动词为宾补性复杂及物动词，需接宾语+宾语补足结构作补足成分。例如：

Father painted our door green.

在这五种句型中，每个句子成分都是必需的，缺一不可。从结构本质上看，这五种基本句型都可以分为三部分。英语句子以动词为中心，前边有施动者，后边有受动者，没有动词就不能成为句子，缺了主语、宾语就是语法错误。因为凡事件的发生必涉及动作、施动者和受动者，施动者是句子的主语，受动者是句子的宾语，SVO 是对整个事件的完整描述，表示一个完整的意义（SVO 是现代英语句子结构的典型代表）。SVoO 中的 o，即间接宾语，实际上是个状语，所以句子结构还是 SVO 三分。SVOC 中的 C 是 O 的补语，OC 不可分，称为复合宾语，实际上也是三分结构 SVO。

英语五种基本句型中，SVP 句型使用最多，其频率可能占三分之一左右。这是语言受形式逻辑调控的典型例子之一。所谓形式逻辑，其核心内容是概念和判断。判断有三部分：主项、联项和谓项，对应于 SVP 句型中的主语、连系动词和表语。SVP 中的 V 本不表示什么动作，也没有多少实在的意义，但是因为英语句子以动词为中心，必有三个部分，也就造成了 SVP，三部分缺一不可。

SV 是两个部分，是英语中唯一可以两分的句子，但是这种句子在英语里很少见。为了满足三分的心理，人们常把不及物动词转换为动作名词作宾语。

英语句子结构的三分，是英美人的语言心理。只要主、动、宾齐全了，一个句子有了三部分，语法上就是合格的句子。不仅句子如此，段落也是三分，即主题句、扩展句、结尾句。文章也是三分，即引言、中间、结尾。组词也是如此，平行结构也往往是三个，音节也是三个。

2. 汉语句子的结构

汉语主谓结构的句子在译成英语时直接可以转化为英语的主谓结构，但是，汉语的句子结构远非如此。汉语语言学界在谈到汉语句子结构时，有人认为是 SVO 型，有人认为是 SOV 型。其实汉语造句不关心这些，只要符合阴阳对立模式就行了。

汉语句子的表意类型可以归纳为七种：语义相反型、语义相异型、语义递进型、反义衬托型、同义衬托型、正说反说型、同义强调型。

不仅句子如此，句群也是这样。两个句子是一个句群，两个阴阳就是一个四象。四象是最稳定的结构，所以古诗、绝句都采取这种结构。两个五绝相加就是五律，两个七绝相加就是七律。阴阳结构的思维方式从组词、造句到篇章，一以贯之。一般说的文章结构是起、承、转、合，只是一个笼统的说法。修辞也遵循阴阳逻辑，排比结构往往是四个，音节也是四个，成语总要凑够四个字。

总之，英汉语的句子区别是，英语句子结构是语法的，汉语句子结构是语义的。英语句子主要是受形式逻辑制约，结构上可分为 SVO 三部分。汉语句子主要是受阴阳逻辑的制约，结构上可分为话题和说明两部分。

（二）英汉句子语序对比

1. 英汉语特殊句序与翻译

从形态学角度来看，语言有分析型和综合型。世界上的语言就其表达语法关系的手段分类，可分为两大类型：分析型语言和综合型语言。主要通过词序和虚词，而不是通过词形变化（性、数、格的变化），表达语法关系的语言叫作分析型语言（Analytic language）；主要通过词形变化，而不是通过词序和虚词表达语法关系的语言叫作综合型语言（Synthetic language），如俄语、拉丁语、希腊语、土耳其语等。而英语是介于两者之间，既通过词形变化又通过次序和虚词表达语法关系，所以叫作综合—分析型语言（Synthetic-analytic language）。①

英语句子重形合，即主要通过语言的语法关系表达意思；汉语句子重意合，即主要通过句子内部的逻辑关系表达意思。分析型语言的一个主要特征就是语序固定，综合型语言的主要特征之一是语序灵活。英语是以综合型为主向分析型过渡的语言，有较丰富的形态和语法手段，句序相对灵活自由。汉语是分析型为主的语言，缺乏形态变化，语序相对固定。

（1）语序倒置

由于英语是以综合型为主向分析型过渡的语言，有较丰富的形态和语法手段，所以英语中有很多倒置现象。汉语是分析型为主的语言，语序相对固定，很少有语序倒置现象，主谓倒装句也多出现于口语。因此，将英语倒装句译成汉语时，一般采取正常语序（"主+状+谓+宾"的结构），有时需根据具体情况加入一些象声词或副词（只、才、都、只要……就，等等），增加句子的动感。

（2）英汉定语的位置

定语是修饰主语和宾语的语法成分，说明事物的属性、类别或特征。在英语里，单个词作定语时一般放在被修饰词前面，但介词短语、不定式短语、分词短语、从句作定语一般放在被修饰成分后面。汉语则不然，只要是定语，一般放在被修饰词前。因此，翻译定语时要根据各自特点作相应的调整。

（3）英汉状语的位置

状语是修饰动词、形容词、副词、各类短语或整个句子的语法成分，说明行为发生的时间、地点、方式、目的、原因、结果、条件或伴随状况。从句法上看，状语比定语灵活。英语的状语可以放在被修饰词或短语之前或之后

---

① 李丹. 浅谈英汉句子的语序比较与翻译［J］. 山西青年，2019（22）.

（前置或后置），而汉语的状语位置相对固定，通常放在被修饰谓词的前面，先交代事情发生的背景情况。英汉互译时，有时需对状语的位置做相应的调整。

2. 英汉复合句的实践和逻辑顺序

英汉复合句中的主句和从句之间在时间顺序、逻辑顺序等方面不尽相同。在构建句子时，汉语倾向于按照先背景后前景、先大后小、先概括后具体、先发生先陈述的语序铺展内容，而英语语法手段相对灵活，可以不按照事件发生的时间顺序和逻辑顺序安排句子成分。[①]

（1）英汉语复合句的时间顺序

在英语复合句中，表示时间的从句可以放在主句之前，也可以放在主句之后，而汉语在建构句子时，喜欢将先发生的先说，后发生的后说。所以，汉译英时，应该发挥英语的优势，灵活调用各种手段组织句子。

（2）英汉语复合句的逻辑顺序

英语构句的形合特点可以使句子结构呈树权形拓展，汉语以意合为主要特征的流水句同样可以组成语义繁杂的长句子。英语构句既有顺序排列，也有逆序排列，但句子内部逻辑分明，层次清晰。而汉语构句遵循的是逻辑顺序，在时间上重视"时间的先后顺序"，在逻辑上重视"前因后果关系"。[②]

因此，英译汉时，我们应抓住原文的中心思想，找出其语法主干，然后理清各种修饰成分之间的逻辑关系，根据时间顺序和逻辑顺序，重新按汉语的表达习惯加以组合，以确切表达其意。汉译英时，应该根据各句之间的逻辑关系和语义层次，按照英语的构句原则组词成句。

在表示因果关系的英语复合句中，表示原因的从句可以放在主句的前面，也可以放在主句之后；而汉语一般为"前因后果"。

二、英汉句子翻译实例

（一）从句的翻译

1. 名词性从句的翻译

英语名词性从句又可以分为主语从句、宾语从句、表语从句和同位语从句。下面逐一介绍其翻译。

---

① 李雄伟. 浅析英汉句子差异与翻译［J］. 科技展望，2016，26（27）.
② 董晓波. 英汉比较与翻译［M］. 北京：对外经济贸易大学出版社，2013：41.

（1）主语从句的翻译

当主语从句是以 what, whoever, whatever 等代词引导时，可以按照原文的顺序进行翻译。例如：

Whoever did this job must be rewarded.

无论谁干了这件工作，一定要得到酬谢。

当主语从句是以 it 作形式主语时，翻译时应依据具体的情况来处理：有时需要将主语从句提前，有时也可以不提前。例如：

It is strange that he did not see his own shortcomings.

真奇怪，他竟然没有看出自己的缺点。

（2）宾语从句的翻译

当宾语从句是以 what, that, how 等词引导时，可以按照正常语序进行翻译。例如：

This is what he exactly needs.

这是他真正所需要的。

如果宾语从句中由 it 作形式宾语，翻译时，一般 it 不译，宾语从句的语序则需要按照原句顺序译出。例如：

I regard it as an honor that I am chosen to attend the meeting.

被选参加会议，我感到光荣。

（3）表语从句的翻译

在翻译英语表语从句时，通常可以按照原文顺序进行翻译。例如：

That is what she wants to do.

那就是她想做的事情。

（4）同位语从句的翻译

在对英语同位语从句进行翻译时，通常可以按原文顺序直接翻译。有时，也需要借助"即""以为"或冒号、破折号来连接主句和从句。例如：

He expressed the hope that he would come to visit Chinese again.

他表示希望能再到中国来访问。

2. 定语从句的翻译

英语定语从句包括两种：限定性定语从句与非限定性定语从句。下面就来介绍这两种定语从句的翻译。

（1）限制性定语从句的翻译

限制性定语从句的翻译可以采取以下几种方法处理。

①前置法

前置法是将限制性定语从句译成带"的"字的定语词组，并将这一定语词组置于被修饰词的前面，这样就将英语的复合句翻译成汉语的简单句。① 在对简单的定语从句进行翻译时，常采用前置法。例如：

Everything that is around us is matter.

我们周围的一切都是物质。

本例翻译时采用了前置法，将 that is around is 译为"我们周围的"，即"的"字结构。

②后置法

如果英语定语从句的结构比较复杂，若译为汉语的前置定语则显得太长，这时可以采用后置法，译为后置的并列分句。这主要有两种情况：省略英语先行词，译成并列分句；重复英语先行词，译成并列分句。② 例如：

She will ask her friend to take her daughter to Beijing where she has some friends.

她将请朋友把她的女儿带到北京，在北京她有些朋友。

本例中，在翻译原文时，重复了先行词，译为两个并列的分句。

（2）非限制性定语从句的翻译

翻译非限制性定语从句通常可以采取以下几种方法。

①前置法

前置法就是将英语非限制性定语从句译成带"的"字的前置定语，并将其放在被修饰词的前面。③ 例如：

He liked his sister, who was warm and pleasant, but he did not like his brother, who was aloof and arrogant.

他喜欢热情快乐的妹妹，而不喜欢冷漠高傲的哥哥。

原文中存在两个非限制性定语从句，都译成了"的"字结构，在句子中作前置定语。

②后置法

后置法是将非限制性定语从句译为独立的分句或并列分句。例如：

He had talked to Vice-President Nixon, who assured him that everything that everything could be done would be done.

他和副总统尼克松谈过后，副总统向他保证，凡是能够做到的他都将竭尽全力去做好。

---

① 黄成洲，刘丽芸. 英汉翻译技巧 [M]. 西安：西北工业大学出版社，2008.

② 李媛媛. 英汉句子比较与翻译方法的选择 [J]. 辽宁广播电视大学学报，2015（4）.

③ 李雄伟. 浅析英汉句子差异与翻译 [J]. 科技展望，2016，26（27）.

在对原文进行翻译时，对先行词"副总统"进行了重复，将定语从句翻译成独立的分句。

3. 状语从句的翻译

英语状语从句可以分为五种，即原因状语从句、时间状语从句、目的状语从句、让步状语从句与条件状语从句。① 下面就对这几种状语从句的翻译进行介绍。

（1）目的状语从句的翻译

目的状语从句有时可译为表目的的前置状语，有时也可译为表目的的后置状语。例如：

He told us to keep quiet so that we might not disturb others.

他叫我们保持安静，以免打扰别人。

在本例中，译文将原文的目的状语从句译为表目的的后置状语分句。

（2）原因状语从句的翻译

原因状语从句通常可以译为表原因的分句或因果偏正句的主句。例如：

The book is unsatisfactory in that it lacks a good index.

这本书不能令人满意之处就在于缺少一个完善的索引。

本例将原文的原因状语从句译为表原因的分句。

（3）时间状语从句的翻译

在对时间状语从句进行翻译时，应结合语境，通过理解其深层含义，选取正确的翻译方法。下面以 when 引导的状语从句为例加以说明。在翻译 when 时间状语从句时，不能拘泥于表示时间的一种译法，而是应该考虑具体的语境，采用合适的翻译方法进行处理。例如：

When Mom spoke, the tears were running down.

妈妈说话时，泪流满面。（译为表时间的时间状语从句）

（4）条件状语从句的翻译

条件状语从句通常可以采取以下几种译法：译为表"条件"的状语分句；译为"补充说明"的状语分句。例如：

Granted that this is so, what follows?

假如情况是这样的，下一步将如何呢？（表"条件"）

He is dead on the job last night. If you want to know.

他是在干活时死的，就是昨晚的事，如果你想知道的话。（补充说明）

---

① 刘晓春. 英汉句子对比与翻译实践［J］. 内蒙古农业大学学报（社会科学版），2010（5）.

（二）否定句的翻译

1. 部分否定句的翻译

部分否定句指的是句子含义同时包含部分否定和部分肯定的意思。部分否定句一般由代词或者副词如 all，both，always，every，everybody，everyday，everyone，everything，entirely，altogether，absolutely，wholly，completely，everywhere，often 等与否定词 not 搭配构成，一般可以译为"不全是""并非都""不总是"。例如：

The manager is not always in the office.

经理不一定每天都在办公室。

2. 全部否定句的翻译

全部否定就是对句子否定对象进行完全、彻底的否定。一般构成这类否定的词语有 no，none，never，nobody，nothing，nowhere，neither…nor，not at all 等。在对全部否定句进行翻译时，通常只需要将否定词直译出来即可。例如：

None of the answers are right.

这些答案都不对。

3. 双重否定句的翻译

双重否定是在同一个句子里出现两个否定词，或一个否定词与某些表示否定意义的词连用。在翻译双重否定句时，可以将其译为汉语的双重否定句，也可以译为汉语的肯定句。例如：

Don't open the door until the car stops.

车未停不要开门。

第三节　英汉语篇对比与翻译

一、英汉语篇对比

（一）英汉衔接手段对比

1. 英汉照应衔接对比

照应是"语篇中的指代成分（reference item）与指称或所指对象（referent）之间的相互解释关系"，是语篇实现其结构上的衔接和语义上的连贯的一种主要手段。就实现照应的手段而言，韩礼德将英语中的照应关系分为人称照应（personal reference）、指示照应（demonstrative reference）和比较照应（comparative reference）三类。照应在语篇衔接中的作用主要体现在长句结构中的照应成分与照应对象间的相互参照关系或解释关系。就英汉翻译而言，人称照应的差异最明显。①

（1）人称照应

人称照应是指用代词复指上下文出现的名词，实现这一功能的有人称代词、物主代词（如 your，his 等）。② 使用人称照应可以使代词和上下文中的某一成分（先行项）建立起语义联系，实现篇章连贯。

英汉语在人称照应中的差异表现在以下两个方面：前指和后指。首先，英语使用第三人称代词的频率远远高于汉语。在英语的发展过程中，词尾的屈折变化不断削减，名词、形容词、动词的形式都简化了，只有人称代词保留了古英语的复杂性，其性、数、格都使用不同的形式，各类代词的使用频率也很高。与英语不同，汉语的第三人称代词发音一致，区别没有英语那么明显，使用频率也相对较低。

从以上分析可以看出，英汉语第三人称代词前指照应有不同的倾向：英语使用第三人称代词的地方，汉语倾向于采用省略或重复名词的方式进行照应，而不必一一对应。

在后指方面，英汉语差异也很明显。代词在前，被指代的成分在后，这在英语复合句中比较普遍，而在汉语里则比较罕见。翻译时，可以考虑变后指为前指。

（2）指示照应

指示照应指用具有指示作用的词语来区别时空的远近，确定所指对象的照应关系。

英语中常用的指示性词语有指示代词、指示性副词、冠词以及相应的限定词，如 this，that，here，there，now，then，the 等。

汉语中常用指示代词和"的"字结构作为指示照应的词语。

（3）比较照应

比较照应指的是用比较事物异同的形容词或副词，及其比较级所表示的照

---

① ［英］韩礼德，哈桑. 英语的衔接（中译本）［M］. 张德禄，等，译. 北京：外语教学与研究出版社，2007：92.

② 周兴华. 翻译教学的创新性与前瞻性体系研究［M］. 长沙：湖南师范大学出版社，2018：134.

应关系。① 由于任何比较至少涉及两个实体或事态，所以当语篇中出现表达比较的词语时，受话者就会在上下文中寻找与其构成比较关系的其他词语。因此，比较照应在语篇中具有承接上下文的作用。

英汉语在表达比较照应时的差别不大，只是表现形式存在些差异。英语中表示比较照应可以通过词汇手段，如用 same，equal，such，similar，different，likewise，other，identical 等词来表示照应关系。另外英语还可以通过词的比较级变形来表示照应关系。

汉语中用作比较照应的词有：同样的，相同的，不同的，类似的，其他的，等等。除此汉语中还有比较结构：和……一样/相同/差不多，像……之类/那样，与……差不多等。汉语的比较照应与英文最大的区别在于没有词形上的变化，对应英语中的比较级汉语中常用以下词语和结构代替：更，更加，比较，比……还/更+形容词/副词，或不如……那样+形容词/副词，没那么……等等。

2. 英汉替代衔接对比

替代（substitution）指的是用替代形式（substitute）来取代上文中的某一成分。在语法和修辞上，替代被认为是为了避免重复而采用的一种重要的语言手段。从信息结构的角度看，由于替代成分替代的是上文中已经出现的信息，因而在读音上往往是非重读的，这样，新信息便显得更加突出。②

作为语言使用过程中十分常见的一种现象，替代不仅在句法学和修辞学领域得到了广泛的研究，而且引起了语篇语言学家的高度重视。在语篇中，由于替代形式的意义必须从所替代的成分那里去索引，因而替代起着不可忽视的衔接上下文的作用。

替代可以分成三类，即名词性替代、动词性替代和从句性替代。替代和照应是不同的。照应是一种语义关系，而替代则是一种词汇语法关系。

（1）名词性替代

英语用代词或某些名词来取代名词词组，如指示代词、关系代词、连接代词、不定代词和名词。用替代词取代名词词组或名词词组中心词这一语法现象叫名词性替代。英语中名词替代词主要为 one/ones，还有 the same，the kind，the sort 等，汉语里由"的""也""同样的"等构成替代。

（2）动词性替代

动词性替代指用替代成分取代动词短语。常用的 do 和它的屈折变化形式

---

① 兆荣. 汉英语篇照应手段的比较 [J]. 中国电力教育，2010（16）.

② 曲铭欣. 英汉替代的语篇衔接功能对比 [J]. 黑龙江科技信息，2010（13）.

（如 does 等）。①

相应地，汉语中的"来""干"等是动词性替代。然而，汉语往往也采用重复有关词语或省略的方式建立衔接关系。

（3）从句性替代

用替代词去替代名词性分句这一语法现象叫作分句性替代。在语篇层面上，替代可以建立句子之间的衔接关系，使语篇前后承接更加连贯。英汉两种语言中的替代现象既有共性也有差别。

3. 英汉省略衔接对比

省略也是一种中重要的语篇衔接手段。在语篇中运用省略主要是为了避免重复，使表达简练、紧凑。

从某种程度上讲，省略结构在句法上是不完整的，但这并不意味着省略结构是不可理解的，因为，受话者可以从上下文中找到被省略的成分。也就是说，省略结构的出现预设了被省略成分的存在，发话者在省掉某一成分时必须是以该语言成分在上下文中的存在为前提的，而受话者也必须从上下文中寻找被省略的语言成分并以此来补足省略结构。正是由于省略结构与被省略成分之间的这种预设关系使句子或语篇前后衔接。

下面主要从名词性省略、动词性省略、小句性省略来讲行比较分析。

（1）名词性省略

名词性省略指的是名词词组内的中心词的省略，中心词语部分修饰成分的省略，以至整个名词词组的省略。

英语作为主语显著的语言，一般不能省略主语。在以汉语为母语的人的传统思维中，常常反映出某种隐性的主体意识。这种汉语隐性主体意识的典型表现可见于汉语中大量无主语的运用。

2. 动词性省略

英语中常常省略前面已出现过的动词，而汉语则往往重复再现英语中的省略现象，有时为了保持语法的正确；有时是为了促成结构的整齐匀称、表达流畅的需要；有时既是语法的要求，也是修辞的需要。

3. 小句性省略

谈及英语小句性省略现象，首先我们须明确小句省略和复句之间的关系。在结构上直接相关的两个或两个以上的小句构成一个复句。复句可是平行关系，也可是主从关系。在平行结构的复句中小句有相同的地位，而主从结构中的复句中各小句之间的地位则不同。在小句中有三种类型的主从结构关系：条

---

① 巨海英．英汉替代语篇衔接手段的对比研究［J］．科学大众（科学教育），2010（2）．

件（通过表结果、目的、条件或原因等的小句表达），附加（通过非限定性关系小句表达）和引述。

在汉语里，省略的基本要求是不影响达意，没有特别的形式标记。汉译英时，有时需要根据英语的行文习惯将省略的部分补齐，以使译文结构完整、衔接自然。

（二）段落模式对比

语篇段落的组织模式实际上说的是段落的框架，即以段落的内容与形式作为基点，对段落进行划分的方法。语篇段落组织模式是对语言交际的一种限制，对于语篇的翻译而言至关重要。对于英汉两种语篇，其段落组织模式存在相似的地方，即都使用主张—反主张模式、叙事模式、匹配比较模式等，但是二者也存在着差异。

1. 英语语篇的段落组织模式

英语语篇的段落组织模式主要包含五种，除了主张—反主张模式、叙事模式、匹配比较模式，还包含概括—具体模式与问题—解决模式，这两大模式与汉语语篇组织模式不同，因此这里重点探讨这两大模式。

（1）概括—具体模式。该模式是英语中最具有代表性的常见模式，又被称为"一般—特殊模式"。这一模式在文学著作、社会科学、自然科学语篇中是较为常见的。

（2）问题—解决模式。该模式的基本程序主要包含以下五点：①说明情景；②出现问题；③针对问题给出相应的反应；④提出解决问题的具体办法；⑤对问题进行详细评价。但是，这五大基本程序并不是固定不变的，其顺序往往会随机加以变动。这一模式常见于新闻语篇、试验报告、科学论文中。

2. 汉语语篇的段落组织模式

汉语语篇的段落组织模式与英语语篇的段落组织模式存在一些相同之处，如叙事模式、主张—反主张模式都大致相同。但是，汉语语篇段落组织模式的展开方法与英语存在较大差异，主要表现为汉语文章的焦点与中心是流动的，位置并不固定，有时甚至一个语篇中根本没有焦点，或并不点明，需要读者自己去发现。

（三）英汉段落结构对比

1. 英汉段落特点对比

（1）英语段落特点

英美人的思维模式是直线型的，通常按照逻辑直线推理的方式进行，且每一段落必须集中一个内容。一般说来，英语的段落都有主题句（Topic sentence）、扩展句（支撑句）（Supporting detail）和结论句（Concluding sentence）。主题句提出论述的主题，扩展句利用必要的细节对主题加以论证说明，结论句总结全文，在论证的基础上得出结论。这三者是段落的必要成分，它们相辅相成，构成一个完整的段落。有些段落还有过渡句，它起到意义与意义之间的顺利过渡。多数完整的英文段落通常由主题句、扩展句和结论句三部分组成。这就是我们通常所说的英文段落结构的三个基本特征。

英语段落一般会按照一条直线进行展开，通常称为"直线型"，这是英语段落连贯性的一种特殊类型。英语段落往往先陈述段落的中心思想，而后分点说明。分点说明的目的是对主题句的展开，并为在以后的段落中增加其他的意思做好准备。段落中的意思以有秩序的顺序清晰地互相联系，在展开中心意思的过程中，段落中的每一个句子应该顺其自然地从前面的一个句子中产生出来。从理想的角度来看，这样的段落应该具有一种运动的感觉，即流动感觉，一种在原先所说东西的基础上向深入和高峰的方向发展的感觉。

英语段落中的句际关系按语义大致可分为四类：①平行式：包括并列关系、对立关系、比较关系、选择关系等；②偏正式：包括因果、层进等关系；③承接式：包括现实时空序列承接、心理时空序列承接等；④总分式：包括总说分承和分述总括两类。句际衔接主要依靠关联词和词语重复、指代替换等手段。当然，英语中也有"主题隐含式"段落，即无主题句的段落，但其中心思想通过段落中的每个句子可以明白无误地反映出来。

（2）汉语段落特点

汉语段落的行文是曲线运动，以反复而又发展的螺旋形式对一种意思加以展开，从各种角度来说明问题。经过对汉语和英语的段落进行比较分析，发现汉语基本上有两种段落结构：一种结构类似于归纳性的英语段落；另一种段落类似于"东方语言中特有的螺旋形"段落。除了若干非常短小的过渡段以外，汉语段落的最高概括层次（往往是主题句）靠近段落的中间或末尾处。

与英语直线型段落相比，汉语以反复而又发展的螺旋形形式对一种意思加以展开，在一个汉语段落中间所做出的结论往往又被进一步展开，或者成了一个新的次主题的基础。

2. 英汉段落结构意义连贯对比

英语句子各成分之间的逻辑关系常常需要通过连接词的使用才能体现出来；汉语主要通过语义体现句子之间的逻辑关系，只要语义相关，篇章自然会流动，句子之间不像英文篇章有那么多连接词，而是靠语义的自然衔接、前后贯通、上下呼应来表达一个完整的意思。

英语段落的构成大致可分两类：一类是典型的"主题句—阐述句—总结句"结构，另一类则有点像汉语的以某一中心思想统领的形散神聚结构，但注重形合的英语常常使用许多衔接和连贯手段，以便从形式上显现各种组合关系。前一类结构的主题句标明段落的主题思想，接下来的句子必须在语义上与这一主题关联，在逻辑上演绎严谨。这一特征在英语的论说文中表现得尤为突出。而汉语段落通常都围绕一个较为含蓄的中心思想，其表述方式多为迂回式和流散式的，句际之间的意义关联可以是隐约的、似断非断的。当然，也有不少十分注重逻辑推演的段落，句际之间环环相扣，但有相当数量的汉语段落都是形分意合的，没有英语中常见的那些连接词。汉语实现意义的连贯一般采取两种手段：逻辑的连贯和过渡词的使用。逻辑的连贯就是依靠扩展句自身具有的逻辑关系对句子进行正确的排列所实现的连贯；过渡词的使用就是依靠过渡词表现连贯的意义。

二、语篇的翻译策略及实例

（一）语篇的翻译策略

1. 维护语篇空白

在英汉语篇中往往含有很多"空白"之处，这种不完整可以很好地体现出一定的艺术美。在中国古代画论中，这种空白被称为"象外之象"，在诗文中被称为"无言之境"，在音乐中则被称为"弦外之音"。简言之，语篇中的空白之处是大有学问的，这不仅不是其缺点，反而是其优势与独特之处。

读者在阅读语篇的过程中并不是处于被动地位，他们可以充分发挥自己的主观能动性，对原作中空白之处进行补充，也正是这种补充、想象的过程让读者体验到了审美的快乐。因此，译者在翻译语篇的过程中对于这种空白之处要尽量去维护，不能对这些地方进行过分补充，因为这些空白通常是原文作者精心设计出来的，译者有义务对其进行维护与保持。①

2. 巧妙处理复杂内容

不管是中国的语篇还是西方的语篇，本身都具有丰富的文化背景知识与艺术信息，在翻译过程中译者难免会遇到一些由于历史、社会、文化等差异因素而导致的翻译障碍，再加上现实社会生活、人类思想情感等复杂因素，译者有时候还会遇到一些自己都难以理解的内容。这些复杂的内容通常是一个民族独特文化的反映，并且在一定程度上可以体现出作者自身感受生活的深度。从翻

---

① 王宏. 文化差异与语篇翻译 [J]. 戏剧之家, 2016 (3).

译角度而言，复杂内容虽然是翻译过程中的障碍，但也可体现出译者一定的自主性。只有语篇中蕴含丰富的情感与价值意义，所翻译出的作品才能引起目的语读者的情感共鸣，进而产生审美体验。

然而，有些译者为了快速完成译作，对于语篇中的复杂内容往往进行简单化处理，在他们看来，这样做有两个益处：第一，避免了文化差异所带来的可译性问题；第二，考虑到目的语读者的文化背景与接受能力，进行简化处理便于他们有效接受。但不得不说的是，对复杂内容简化处理甚至略去不译就会使原作中的审美价值与文化内涵大打折扣。

3. 准确传达原作感情

每一则语篇中都或多或少含有作者自身的影子，其中体现出作者所处的时代、历史文化背景，而且还会体现超出作者自己的价值取向、兴趣、情感等，这些在无形中都会从作者所塑造的艺术形象上体现出来。对于自己作品中的艺术形象，作者往往会表达出强烈的情感取向，或喜欢或厌恶，或同情或憎恨，或褒奖或贬低。对于译者而言，其在阅读一部语篇之前就已经具备一定的情感结构，因此在译者阅读语篇时就难免会做出一些带有自己主观情感上的评价，在一定程度上损坏了原文作者的情感体现。

（二）语篇翻译实例——段落的翻译

1. 将英语的直线性结构转换成汉语的螺旋式结构

总体看来，英汉语篇分别呈现直线形与螺旋式的逻辑特征。这从根本上讲是中西方各自重综合与重分析的思维习惯的表现。典型表现是汉语的歇后语：小葱拌豆腐———一清二白，前句的具体形象综合于后一句的抽象概念。从语篇来看，尤其能体现直线形与螺旋式的特点。例如：

The village of Marlott lay amid the northeastern undulations of the beautiful Vale of Blakemore or Blackmore aforesaid, an engirdled and secluded region, for the most part untrodden as yet by tourists or landscape – painter, though within a four hours' journey from London.

前面说过的那个美丽的布雷谷和布莱谷，是一处群山环抱、幽静偏僻的地方，虽然离伦敦不过四个钟头的路程，但是它的大部分都不曾有过旅行家和风景画家的足迹。马勒村就在它东部那块起伏地带的中间。

译文与原文在叙述上根本的区别在于：英文直截了当以主题"马勒村"为重心，由里向外扩展，直到远涉伦敦；中文则以一个已知信息为主位，先远涉伦敦，再迂回到近旁的、作为主题的"马勒村"。

所谓"直线形"，就是先表达出中心意思，由此展开，即英语所说的

"develop" 或层层推演或逐项分列，后面的意思都由前面的语句自然引出。

2. 以句子为单位进行翻译

如果段落中各句之间的语义关系、逻辑关系在用译入语表达中不需什么调整，翻译时完全可以将各句、各分句作为翻译单位，以尽量做到形神意兼似。例如下面一例就是"主题句+展开句"段落，翻译时只需"拿来"，在句式上做适当调整即可。

So I tried another Plan. Each week I made a list of everything I had to get done during that week. Then, under the list of things I had to get done. I made a list of things I could do if I had time. This is the method I have used since then. I'm glad that I've learned to balance things and it has help ed p rep are me for what is to come after graduation.

于是我尝试了另一个计划。每一个星期我列出一个清单写明这个星期我要做的事情。然后，在这个清单里我再筛选出如果时间充裕我能够做的事情。这就是我自从上次后一直使用的方法。我十分欣慰自学会了如何平衡自的事情，这对我准备毕业以后的事情有很大的帮助。

3. 保留原段落格式

翻译时，应先将段落作为一个有机整体进行分析，然后再进一步深入到词句，在转换时，一定要使局部服从整体。从段落格式来看，英译汉时一般都可保留原段落格式，以尽量做到形神意兼似。

For my sons there is of course the rural bounty of fresh-grown vegetables, line-caught fish and the shared riches of neighbors' orchards and gardens. There is the unpaid baby-sitter for whose children my daughter-in-law baby-sits in return and neighbors who barter their skills and labor. But more than that, how do you measure serenity? Sense of self?

对我的几个儿子来说，乡下有新鲜的蔬菜吃，有鱼钓，还可以分享邻居家花园和果园中的乐趣。遇到有事的时候，总有人为你来照看孩子，而我的儿媳有时也会去为别人临时看看孩子。人们还常常互相帮忙，干些自擅长的活计。除此之外，那份安宁，那种对自我的感受，又岂是可以简单度量的吗？

第四章　跨文化交际中社会文化差异及其翻译理论与实例

跨文化交际中各国的社会文化存在很大的差异，反映了世界各国的民族特色。由于文化背景的不同，中西方国家在服饰、饮食、居住以及社会生活专有名词等方面都存在着明显的不同。本章对此进行翻译理论与实例研究。

第一节　服饰文化对比与翻译

一、服饰文化的对比

中西方由于历史、地理等因素而形成了风格迥异的服饰文化，下面就从服装的造型、颜色、代表服装等方面对英汉服饰进行比较探究。①

（一）服装造型对比

一些人认为服装的造型就是服装的式样或服装的款式。事实上，造型和式样是不完全相同的，二者之间既有区别又有联系。通常情况下，服装的造型是指服装的外形轮廓，主要着眼于服装的整体，如现代比较流行的宽松式的 H 型服装或紧身式的 X 型服装等；而服装的式样不仅包括服装的外形轮廓，还有服装的内部衣缝和组合。因此，可以说造型是从属于式样的。下面就来了解中西方服装的造型。

---

① 邬德平，吴庸．英汉服饰文化共性的语言表征及认知机制 ［J］．攀枝花学院学报，2018，35（04）．

1. 西方服装的造型

（1）结构方面

有人将中国的传统服装比喻成平面的绘画，而将西式服装比喻成立体的雕塑，这种比方大体是对的。中式服装侧重于平面的二维效果，而对侧面结构的设计不够重视。西式服装讲究服装的三维效果，追求与人体结构特点以及人体运动规律的适应性，穿着起来既合体又实用，因此西式服装在全世界范围内普遍受欢迎。

从局部结构来看，西方服装的祖领和轮状褶领设计在服装中运用广泛。轮状褶领的制作工艺是先为布料上浆，然后经过熨烫，最终形成连续的褶裥，偶尔会用细金属丝做支撑。西方服装在造型上偏好填充物的使用，用它来衬垫或支撑，如垫肩、垫袖、垫胸、垫臀、裙撑等。由于西式服装是装袖，所以肩饰的造型可以多种多样，而且袖子款式也很丰富，如半腿袖、主教袖等。

（2）外形方面

西方古典的服装强调横向感觉，常采用横向扩张的设计特点，注重肩部的轮廓，以及各科硬领、轮状领，袖型很膨胀，裙撑较为庞大，加之重叠的花边以及浆过的纱料和各部位的衬垫，使服装在线条上给人一种夸张和向外放射的感觉。西方服装这种外形特点是与西方人的性格及外形特点相适应的。西方人通常比较热情奔放，脸部轮廓起伏明显，体型也比较高大挺拔，故服装都比较夸张。

（3）装饰方面

西式服装为了表现三维效果，采用了立体式的结构设计。装饰在造型上为了适应整体结构，也追求空间感和立体感，主要通过借助一些立体物，如荷叶边、穗饰花结、褶裥、金银丝带、切口等来装饰服装的表面。在最开始，花朵、花边等在服装表面的装饰很少，在丰富表面效果上作用很小。到了洛可可时期，一些礼服甚至采用大量立体花堆砌而成。西式服装选择立体装饰的精彩之处有两个：一是为了与立体结构造型相呼应，需要采用立体装饰，才能达到天然协调的效果；二是为了符合审美心理。

众所周知，平铺直叙的服装设计呈现的是一个一览无余的表面，这很容易给人一种单调的感觉，但是虚实搭配、重叠穿插、层次丰富的表面空间很容易激起观赏美感，达到耐人寻味的效果。西式服装上的纹饰以规则骨式构成的菱花纹、石榴纹为主，色彩艳丽、造型饱满，且布局很对称。西方服装对颈、胸、袖口的装饰很看重，花边和刺绣图案很丰富，且以写实图案为主。西式男装的配饰物以帽子和步行手杖最为常见，而西式女装则多将珍珠、钻石等珠宝作为服装的配饰，且帽子、手套也是不可或缺的。

2. 中国服装的造型

中国的传统文化强调均衡对称和统一协调，是一种和谐文化。这一点也体现在中国服装的造型上，中国服装以规矩、平稳为美。同时，中国传统文化也是一种隐喻文化，艺术更偏重抒情性，这一点在服装上的体现就是服装构成要素的精神寓意和文化品位。一般而言，中国服装造型的特点在以下几个方面表现最为明显：

（1）结构方面

中式传统服装如袍、衫、襦和裙等大多采用平而直线裁剪方法，没有起肩和袖窿部分，只有袖底缝和侧摆相连的一条结构线，结构简单舒展，整件衣服可以平铺于地。从局部结构特点来看，中式服装的对开 V 领、直立领、斜交领、衣服下摆两侧开衩，以及衣服的对襟、大襟、琵琶襟等都具有浓郁的东方特色。中式服装的这些特点也经常被设计师用来表现中国服装的趣味，其中以中式立领和衣服下摆两侧开衩最为典型。

（2）外形方面

传统的中国服装讲究纵向的感觉。服装从衣领开始自然下垂，对肩部不做夸张，衣袖一般长到过手，袍裙呈筒形，衣服多采用下垂的线条纵向的装饰手法，使人体显得修长。受古代中国的影响，亚洲许多国家的服装也有此特点。清代的服装比较肥大，袖口、下摆都向外扩张。但是清代妇女的服装却显得比较修长，服装的旗髻很高，加上几寸高的花盆底鞋，使旗人与历代妇女相比显得高挑。传统中国服装的这一外形特点弥补了东方人较为矮小的身材，在感官上产生视错觉，给人一种修长感，从而在身材比例上达到完美、和谐。修长的中式服装使男性显得清秀，女性显得窈窕。同时，平顺的服装外形也和中国人脸部较柔和的轮廓线条相适应。

（3）装饰方面

中式服装受平面直线裁剪的结构特点影响，装饰以二维效果为主，强调平面装饰。装饰手段上也具有明显的中国传统性，包括镶、嵌、盘、滚、绣等工艺。在这些工艺手法的帮助下，中式服装的纹样色彩斑斓，造型更加简练，美不胜收。在众多装饰手法当中，刺绣是最常见的，用它来装饰服装的表面空间，尤其是精妙绝伦的刺绣工艺与丝绸面料相搭配，更是使服装充满了东方风韵，让人赞叹不已。除刺绣外，镶、滚等装饰工艺在中式服装中也较为常见。中式服装的图案多以代表古代文人精神理想的植物为主，如梅花、兰花、松树、菊花等，因此在一些文人士大夫的服装上很容易找见这些图案。寓意图案谐音图案、吉祥文字图案等是明代之后才出现的装饰图案，后来被广泛认可，一直延续至今。中式服装的装饰物很多，其中玉是最为人们喜爱的饰物，经常与内涵丰富、寓意深刻的"中国结"搭配，装饰在腰部。

（二）服装颜色对比

1. 西方服装的颜色

从某种程度上来说，一个民族对颜色的喜好反映了这个民族潜意识的性格特征。

（1）西方国家在罗马时代比较流行的服装颜色是白色和紫色。白色代表纯洁、正直、神圣，紫色代表高贵和财富。

（2）欧洲文艺复兴以来明亮的色彩受到人们的欢迎。英国人将黑色视为神秘、高贵的象征，法国人喜欢丁香色和蔷薇色，而西班牙人则崇尚高雅的玫瑰红和灰色调。

（3）现代社会的人们比较注重服装颜色的视觉效果，常常根据自己的喜好来决定服装的颜色。服装颜色的选择不受地位、等级、阶层的影响，体现了西方人崇尚平等、自由的个性。

2. 中国服装的颜色

在上古时代，黑色被中国的先人认为是支配万物的天帝色彩。夏、商、周时期天子的冕服均为黑色，后来随着封建集权制的发展，人们把对天神（黑色）的崇拜转向对大地（黄色）的崇拜，于是形成"黄为贵"的传统观念。另外，中国传统服装色彩深受阴阳五行学说的影响，有青、红、黑、白、黄五色之说，这五种颜色被定为正色，其他颜色则是间色。正色多为统治阶段专用，在民间也是人们衣着配色所喜爱和追求的颜色。明显的阶级性和强烈的等级观念是中国服装色彩的鲜明特点。一方面，某种颜色一旦被皇家看重，普通大众就不得使用，否则轻者杀身，重者株连九族。另一方面，若某种皇族专属的色彩可以为民间所用，则这种色彩立即被视为卑贱的色彩。

（三）代表服装对比

1. 西方代表服装

牛仔裤是西方最具有代表性的服装。牛仔裤最早出现在美国西部，是以靛蓝色粗斜纹布为原料的直裆裤，主要特点是裤腿窄，缩水后紧包臀部。在现代社会，我们经常会看到很多经过改版的牛仔裤，这些牛仔裤风格迥异、款式夸张，充分体现出西方人敢于张扬个性、我行我素、标新立异的性格特征。在他们看来，服装是一个人社会价值的体现，服装的作用在于"自我表现"，所以穿着服装就是为自己而穿。此外，牛仔裤简单实用，不论男女老少都可以穿，这也体现了美国的实用主义和平等观念。如今的牛仔裤已遍及全球，它在所到之处传播着西方"个人本位"的价值观。

2. 中国代表服装

近代中国服装最有代表性的莫过于中山装。中山装由孙中山先生设计，出现于 20 世纪 20 年代。孙中山先生将他的救国救民思想以及中国传统文化巧妙地融合到服装中，体现出中国人在着装方面对精神和意义的追求。具体来说，中装表达了以下一些寓意：①

（1）门襟五粒纽扣表示行政、立法、司法、考试、监察五权分立。

（2）袖口三粒纽扣代表三民主义，即民族、民权、民生。

（3）前身四个口袋表示国之四维，即礼、义、廉、耻。

（4）后背不破缝，象征国家的和平与统一。

（5）衣领定为翻领封闭式，显示严谨治国的决心。

中山装综合了西式服装与中式服装的特点，既表现对称之感，符合中国人的审美习惯，又显得精练、大方、简便。儒家思想注重人的自身修养，认为统治者要政爱民，做人要讲究礼仪，中山装正是中国传统哲学思想的真实写照。

二、服饰文化的翻译

英语和汉语中的服饰文化差异较大，在翻译的时候一定要注意。不同的服饰词语采取不同的翻译方法。下面针对这一方面的词语翻译展开分析。

（一）中国服饰文化的翻译

在翻译中国的传统服饰的时候可以采用直译法和意译法等方法。

1. 直译法

直译法是在翻译服饰的时候经常会使用的翻译方法。使用这种方法有一定的条件，只有两种语言中的意思相近或者是对应的时候就可采用这种翻译方法。

例如：

原来是一个十七八岁极标致的小姑娘，梳着溜油光的头穿着大红袄儿，白绫裙子。

（曹雪芹《红楼梦》）

A slip of girl of seventeen or eighteen, pretty as a picture, with hair as glossy as oil, wearing a red tunic and a white silk skirt.

（杨宪益、戴乃迭译）

---

① 刘玉昌. 英汉服饰习语中社会符号特征探析 [J]. 宿州教育学院学报，2010，13（05）.

译者将"梳着溜油光的头穿着大红袄儿，白绫裙子"翻译成 with hair as glossy as oil, wearing a red tunic and a white silk skirt, 这种翻译方法就是直译法。这种翻译方法有许多好处们首先便是保留了原来文章中的韵味，然后国外的读者读起来也比较容易理解。

2. 意译法

很多时候，两种语言中的服饰词并不是一一对应的，所以这时候可以选择意译法进行翻译。使用意译法并不需要死译，只需要将原文中词语的意蕴传递出来即可。这种方法也是在翻译的时候经常使用的方法。

例如：

那男孩的母亲已有三十开外，穿件半旧的黑纱旗袍，满面劳碌困倦，加上天生的倒挂眉毛，愈觉愁苦可怜。

（钱钟书《围城》）

The toddler's mother, already in her thirties, was wearing an old black chiffon Chinese dress; a face marked by toil and weariness, her slanting downward eyebrows made her look even more miserable.

（珍妮·凯利、茅国权译）

译者将"旗袍"翻译成 Chinese dress，这种翻译的方法就是意译，这种翻译方法可以使得目的语国家的读者更加容易理解。

（二）西方服饰文化的翻译

西方国家人们穿着的服饰一般可以采用直译的方法进行翻译。

例如：

Dress

女服

suit

男式外衣

top hat

高顶丝质礼帽

第二节 饮食文化对比与翻译

一、英汉菜肴文化对比与翻译

（一）英汉菜肴文化对比

1. 英汉饮食对象的对比

纵观西方国家的发展历史，他们大都以渔猎、养殖为主业，而采集、种植等只能算是一种补充。因此，西方的饮食对象多以肉食为主。进入工业社会后，食品的加工更加快捷，发达的快餐食品和食品工业都成为西方人的骄傲。总体来说，受游牧民族、航海民族的文化血统的影响，西方人的食物品种较为简单，工业食品也往往千篇一律，但这些食品制作简单、节省时间，营养搭配也较为合理。①

作为一个农业大国，中国的饮食对象毫无疑问主要来自农业生产，概括来说包括以下几个种类：

（1）主食类

中国的传统主食有明显的地域特色，即北方以面条和馒头为主食，而南方以米饭为主食。此外，马铃薯、山药、芋头等薯类作物由于淀粉含量高，在一些地方也被当成主食。

（2）辅食类

中国深受佛教的影响。由于佛教将植物视为"无灵"，因此蔬菜成为中国的主要辅食。据统计，中国人吃的菜蔬有600多种，是西方人的若干倍。

（3）肉食类

在古代，中国人是很少吃肉的。《孟子·梁惠王上》曾有这样的记载，"鸡豚狗彘之畜，无失其时，七十者可以食肉矣。"② 值得注意的是，随着生活水平的提高，肉食也逐渐走上百姓的餐桌。

---

① 王宇．英汉烹饪词汇语义对比研究——兼谈英汉饮食文化差异［J］．解放军外国语学院学报，2001（02）．

② 周有光．语文闲谈［M］．北京：生活·读书·新知三联书店，2008：53.

2. 英汉烹调方式的对比

西方国家对食材的分类较为简单，常将各种可能的食材混合在一起进行烹调。因此，西方的烹调方式也相对单一，主要包括炸、烤、煎等几种。不难看出，这种烹调方式虽然可以对营养进行合理搭配，但其制作过程却缺少一些文化气息或艺术氛围。值得一提的是，西方国家非常注重营养，尤其是青少年的营养供给，因此很多中小学校都配备了专业的营养师。

中国是饮食大国，中华民族的饮食文化可谓博大精深、源远流长，技术高超、品种丰富是中国烹调方式的主要特点。具体来说，不仅对食材会依据冷热、生熟、产地等进行分类，加工方法也异常丰富，如炒、煎、炸、烹、蒸、烧、煮、爆、煨、炖、熏、焖、烤、烘、白灼等。此外，中国地大物博，中国人常常就地取材，并根据地域特色来变换加工方式，从而形成了八大菜系，即京菜、鲁菜、川菜、湘菜、粤菜、苏菜、徽菜、闽菜，充分体现出中国人的聪明与智慧。

3. 英汉饮食观念的对比

根据基督教的教义，人应尊重灵魂，保持理智，因此应抑制肉体的欲望。受此影响，西方人普遍认为，饮食不是满足口腹之欲的工具，而应成为获取营养的手段。所以，西方人大都持有理性饮食观念，以保证营养的摄取为根本原则，更多地考虑各种营养素，如碳水化合物、蛋白质、维生素、脂肪等是否搭配合理，卡路里的摄取量是否合适等。如果烹调会对营养带来损失，他们宁可食用半生不熟甚至未经任何加工的食物。

与西方人不同，中国人多持一种美性饮食观念，不太关注食物中的营养而是更加注重其口感、观感与艺术性。即追求菜肴的"色、香、味、形、器"。此外，中国人将阴阳五行学说也运用到菜肴的烹调上，使将各种食材与各种味道互相渗透，从而达到"五味调和百味香"的境界。可见，"民以食为天，食以味为先"的观念在中国已经深入人心。但是从客观上来看，不注意营养而过度追求味觉的观点有其片面性。

（二）英汉菜肴文化的翻译

中国菜肴的命名方式多姿多彩，有的浪漫，有的写实，有的菜名已成为令人赏心悦目的艺术品。因此，在进行菜名的翻译时应具体问题具体分析，灵活运用多种翻译方法，概括来说包括以下几种。

1. 直译

以写实方法来命名的菜肴直接体现了菜肴的主料、配料、调料以及制作方法等信息。在翻译这类菜名时，可直接采取直译的方法。

（1）烹调法+主料名

例如：

盐焗信封鸡

salt baked Xinfeng chicken

脆皮锅酥肉

deep fried pork

清蒸鲈鱼脯

steamed perch-flank

清蒸鳜鱼

steamed mandarin fish

五香兔肉

spiced hare

白灼螺片

fried sliced whelk

涮羊肉

instant boiled mutton

白切鸡

steamed chicken

（2）烹调法+主料名+with+配料

例如：

红烧鲤鱼头

stewed carp head with brown sauce

杏仁炒虾仁

fried shrimps with almonds

蚝汁鲍鱼片

fried abalone slices with oyster oil

糖醋排骨

spareribs with sweet and sour sauce

奶油鱼肚

fried fish with cream sauce

草菇蒸鸡

steamed chicken with mushrooms

咸水虾

boiled shrimps with salt

酿豆腐

beancurd stuffed with minced pork

油焖笋

stewed bamboo shoots with soy sauce

（3）烹调法+主料名+with/in+配料名

例如：

糖醋松子鲑鱼

fried mandarin fish with pinenuts and with sweet and sour sauce

荷叶粉蒸鸡

steamed chicken in lotus leaf packets

冬笋炒鱿鱼

fried squid with fresh bamboo shoots

2. 意译

以写意法来命名的菜肴常常迎合食客心理来取一个既悦耳又吉利的名字，而这个名字则将烹调方式、原料特点、造型外观等进行了归纳，因此食客很难从名字上了解该菜肴的原料与制作方法。在翻译这类菜名时为准确传达其内涵，应采取意译法。

例如：

全家福

stewed assorted meats

龙凤会

stewed snake&chicken

蚂蚁上树

bean vermicelli with spicy meat sauce

玉饭禅师

stewed potatoes with mushrooms

一卵双凤

chicken steamed in water melon（two phoenix hatched from one egg）

雪积银钟

stewed mushrooms stuffed with white fungus

游龙戏凤

stir—fried prawns&chicken

二、英汉酒文化的翻译

中西方不同的酒文化为翻译带来了一定的障碍，因此译者应将音译、直译、意译及解释性翻译等多种翻译方法进行综合运用，从而将酒文化的深层含义准确传递出来。[①]

（一）音译

例如：

我和平儿说了，已经抬了一坛好绍兴酒藏在那边了。我们八个人单替你过生日。

（曹雪芹《红楼梦》第六十三回）

I've also arranged with Pinger to have a vat of good Shaoxing wine smuggled in. The eight of us are going to throw a birthday party for you.

（杨宪益、戴乃迭译）

（二）直译

例：

当下吃了早饭，韦四太爷就叫指这坛酒拿出来兑上十斤新酒，就叫烧许多红炭堆在桂花树边，把酒坛顿在炭上。过一顿饭时渐渐热了。张俊民领着小厮，自己动手把六扇窗格尽行下了，把桌子抬到檐内。大家坐下，又备的一席新鲜菜。杜少卿叫小厮拿出一个金杯子来，又是四个玉杯，坛子里舀出酒来吃。韦四太爷捧着金杯，吃一杯，赞一杯，说道："好酒！"吃了半日。王胡子领着四个小厮抬到一个箱子来。

（吴敬梓《儒林外史》第三十一回）

When they had breakfast Mr. Wei brought out the wine and added ten catties of new wine to it, then ordered the servants to light plenty of charcoal and pile it when it was red by the cassia trees, setting the jar of wine on top. After the time it takes for a meal, the wine was hot. Chang Chun—rain helped the servant take down the six window frames and move the table to under the eaves. They then took seats, and fresh dishes were served. Tu Shao—thing called for one gold and four jade cups, which filled by dipping them into the wine. Mr. Wei had the gold cup. and after each

---

① 单士坤，王敏. 民族文化心理与中西饮食文化之对比［J］. 山东省农业管理干部学院学报，2005（02）.

drink exclaimed： "Marvellous!" They had feasted for some time when Whiskers Wang led in four servants carrying a chest.

（杨宪益、戴乃迭译）

（三）意译

例：

沈大脚摇着头道："天老爷！这位奶奶可是好惹的！他又要是个官，又要有钱，又要人物齐整，又要上无公婆，下无小叔、姑子。酒量又大，每晚要炸麻雀、盐水虾，吃三斤百花酒。"

（吴敬梓《儒林外史》第二十六回）

"Heavens!" she exclaimed. "That woman is hard to please! She wants a husband who's rich, handsome and an official; and there mustn't be any mother-in-law, father-in-law, brothers-in-law or sisters-in-law. She's big drinker too. Every evening she drinks three catties of sweet wine with fried sparrows and seashrimps. "

（杨宪益、戴乃迭译）

第三节　居住文化对比与翻译

一、英汉居住文化对比

（一）中国的居住文化

中国幅员辽阔，自然环境千差万别，各地都形成了独具特色的居住文化。概括来说，中国的民间建筑主要包括以下几种类型。

1. 上栋下宇式

上栋下宇式民居巧妙利用地面空间建筑居室，具有夯实的地基，以土、木、石等为主要原料，做工精细。这种民居体现着封建的等级秩序，与我国宗法制的家庭结构相适应，是中国民居的典型代表。值得一提的是，上栋下宇式民居虽在全国范围内普遍存在，但具体的建筑形式往往因地域不同而各有特色，如南方客家围楼为环形住宅，而北京的四合院就属于庭院住宅。

2. 洞穴居

洞穴居往往利用天然洞穴或对天然洞穴稍作加工，是人类历史上最悠久的居住方式。生产力的提高使洞穴居从对天然洞穴的利用发展到开凿人工洞穴，即利用地形、地势、地物等天然条件建造而成的固定的生活空间。今天，在黄土高原仍普遍存在的窑洞就是典型的洞穴居。

3. 帐篷式

帐篷因容易拆卸而成为许多游牧民族的主要居住方式，在当今社会也成为登山、旅游、勘探的理想住所。帐篷种类繁多，既有临时性的也有长期性的，既有圆拱形、圆锥形、方形等规则外形的，也有其他一些不规则外形的。帐篷的制作材料也非常丰富，包括布匹、羊毛、桦树皮、兽皮等。如今，西藏、青海、甘肃等地的藏族，西北地区的哈萨克族以及东北地区的鄂温克族、达斡尔族、蒙古族仍以帐篷为主要的居住方式。

4. 干栏式建筑

干栏式建筑首先以竹柱或木柱做成一个与地面有一定距离的底架，然后再以底架为基础来建造住宅，是云南、贵州、广西、海南岛、台湾等地一些少数民族的主要居住方式。这主要是由于这些地区常年闷热潮湿，底架与地面之间的空隙不仅利用通风，还可防潮、防兽。此外，干栏式建筑一般分为上下两层，楼下用来养牲畜或堆放杂物。楼上住人。这也与当地的生产生活方式相吻合。

（二）西方的居住文化

在西方历史上出现过众多民族，而各个民族都有自己的建筑风格，这就使西方的居住文化呈现出多元性特征。下面就以英国民居和美国民居为例来介绍西方的居住文化。

1. 英国民居

英国人将房屋视为绝对的"个人天地"（privacy），因此通常喜欢曲径通幽、孑然独立、远离闹市的房屋，邻里之间也常通过篱笆、绿树等来保护各自的私人生活。

20世纪60年代，各地政府为解决住房问题而建造了大批高层公寓。但是，这些公寓因私密性太差而少有人问津。20世纪70年代新盖的房屋虽交通便利却又矮又小，因此有一定经济能力的人往往在郊区购买一所独立或半独立的小楼，以便周末时可以享受幽静的田园生活。

就目前的情况来看，英国人通常会选择独门独户或带阳台的平房，主要包括三种类型：（1）独立式，即配有院子、花园和车库，独立居住，环境幽静；

（2）半独立式，即两所房子并肩而立，且每所房子各住一家，围栏或矮墙使两户人家互不干扰；（3）排房式，即每两所房屋共用一堵墙，中间没有夹道或院落，也没有花园与车库，价格低廉但私密性差。

2. 美国民居

概括来说，美国民居主要包括以下三种。

（1）别墅

别墅分为独立式住宅、合并公宅和公宅，通常配有游泳池与网球场，条件优越，通常位于郊区，适合有经济基础的人。

（2）活动房

活动房多采用木板或铁皮制成，外观漂亮，设施齐全，可安装在汽车上自由活动，符合美国人追逐自由的个性。

（3）公寓

公寓内配备了一应俱全的基本设施。尽管是数十户甚至上百户共同居住在一个建筑物内，但每一户的生活空间都很独立。公寓通常建在城市里，因租金低廉而适合收入微薄的人或靠养老金生活的老人。

二、中西方居住文化的翻译

概括来说，在进行英汉居住文化的翻译时，应注意二者在建筑材料、建筑结构、建筑布局、建筑理念等方面的差异，并灵活运用意译法与释义性翻译法。

（一）意译

中国建筑气韵生动，温柔敦厚，充分体现出温和、实用、平缓、轻捷的人本主义特征。有效运用意译法可以更好地向译入语读者展示中国文化的意境。例如：

她一下来，鸿渐先闻着刚才没闻到的香味，发现她不但换了衣服，并且脸上都加了修饰。苏小姐领他到六角小亭子里，两人靠栏杆坐了。

（钱钟书《围城》）

When she came down, he caught a fresh whiff of a fragrance he had not smelled a moment ago and noted that she not only had changed her clothes but had also put on some make—up. She led him into a small hexagon pavilion; they sat down against the railing.

（珍妮·凯利、茅国权译）

（二）释义性翻译

通过中国民居可以感受到鲜活的生活气息。这些建筑不仅曲线优美，还常常通过细小之处来表达生活情趣。因此，对一些具有特定含义的建筑名词进行解释就显得十分必要。例如：

请韦四太爷从厅后一个小巷内曲曲折折走进去，才到一个花园。那花园一进朝东的三间。左边一个楼便是殿元公的赐书楼。楼前一个大院落，一座牡丹台，一座芍药台，两树极大的桂花正开的好。后面又是三间敞榭，横头朝南三间书房后，一个大荷花池，池上搭了一条桥。过去又是三间密屋，乃杜少卿自己读书之处。

（吴敬梓《儒林外史》第三十一回）

Presently he led Mr. Wei by a passage from the back along a winding path to the garden. As you went in you saw three rooms with an eastern exposure. A two—storeyed building on the left was the library built by the Number One Scholar, overlooking a large courtyard with one bed of moutan peonies and another of tree peonies. There were two huge cassia trees as well, in full bloom. On the other side were three summer houses. With a three-roomed library behind them overlooking a great lotus pool. A bridge across this pool led you to three secluded chambers where Tu Shao wing used to retire to study.

（杨宪益、戴乃迭译）

第四节　社会生活中专有名词的对比与翻译

一、英汉人名对比与翻译

（一）英汉人名文化对比

1. 英汉姓名结构差异

（1）结构差异的表现

英汉姓名在结构上存在一定的差异。英语姓名为名在前，姓在后，如Shakespeare 是姓，William 是名。英语姓通常由三部分构成，即教名（the Christian name/the first name/the given name）+中间名（the middle name）+姓

（the family name/the lastname），如 Eugene Albert Nida（尤金·阿尔伯特·奈达）。但有时，英语的中间名仅写其首字母或不写，如 Eugene Albert Nida 写成 Eugene A. Nida 或 Eugene Nida。汉语人名通常由四个部分构成：姓+名+字+号。姓用来区分一个人所属的氏族血统；名一般都寄托着父母等长辈对孩子的期望，反映着取名者的价值观念与取向；字则是对名的内涵的补充和延伸；号是对字的进一步解释，常用作自我激励。而如今，汉语人名一般只包括两个部分：姓+名。现代汉语人名的排列顺序为：姓在前，名在后，如"赵奕奕、王鑫、孙小雅"等。这里的"姓"代表血缘、先祖、家庭、群体，可以说是一个"共名"，而"名"则代表个体，是一个专名。① 从古至今，汉语中的姓都是从父辈传承下来的，孩子都随父姓。随着时代的发展和进步，人们越来越追求个性，讲求特立独行，于是有的孩子的姓氏也会跟随母亲，如母亲叫赵晓燕，女儿叫赵芳芳。

（2）出现差异的原因

①客观原因

导致中西方姓名结构出现差异的客观原因是：中西方姓与名产生的时间先后不同。中国的姓最早产生于母系氏族社会，而名则产生于夏商时期，晚于姓。正是这个原因，中国姓名呈现出"姓前名后"的排列结构。然而，西方人名演变过程则是先有名，后有姓。很多西方国家，如英、法、德等在很长一段时间内都是有名无姓的。直到中世纪后期才出现姓，如英国的贵族 11 世纪才开始使用姓，文艺复兴时期以后才在全国普及开来；德法两国人 13 世纪以后开始使用姓。俄罗斯更晚，16 世纪才开始使用姓。因此，西方人的姓名排列顺序为"名前姓后"。

具体来讲，导致中国人姓氏早于名字出现，西方人的名字早于姓氏出现的原因有下面两个。

第一，中华民族有五千年的悠久历史，而西方的文明史要短很多。

第二，汉字产生的时间明显要比其他文字产生的时间要早。作为记录姓名的符号，语言产生的早晚也影响到姓名称谓产生的早晚。

②主观原因

造成中西方姓名结构出现差异的主观原因是中西方价值观念的不同。中国古代社会有着明显的宗法观念，宗族在中国传统文化中占据极其重要的地位，是社会凝结的核心。因此，相对于代表个人的名字而言，代表宗族的姓氏要重要得多。这种观念体现在姓名结构上，就是姓氏在前，名字在后的排列顺序。

---

① 张丽美. 英汉人名文化比较及翻译 [J]. 长春教育学院学报，2009（6）.

与之相反，西方文化强调个人独立，推崇人的自由、平等，个人的利益、价值受到极大重视和保护，所以代表个人的名就位于代表群体的姓之前。

2. 英汉姓氏文化差异

（1）数量差异

英语姓氏大约有15.6万个，常用的有3.5万个左右。根据《中华古今姓氏大辞典》的统计，包括少数民族姓氏在内的中国姓氏共有1.2万个左右。可见，从数量上看，英语姓氏远远多于汉语姓氏。①

英语姓氏的数量之所以如此庞大与英国的社会、经济状况有着密不可分的关系。早在18世纪、19世纪的欧洲，城市资本主义经济有了一定的发展，小家庭开始逐渐替代之前的宗法大家庭。而由于征兵纳税以及各国之间贸易往来和人口频繁迁徙等因素，个人的地位和作用越来越突出。因此，作为解决财产所有权和承担社会权利和义务的姓就必然成为广泛的社会问题，迫使各国政府下令每人都必须有姓。在这种个体小家庭广泛存在的社会条件下，姓氏数量就越来越多，自然也就比中国的姓氏多了。

（2）作用差异

从作用上看，英语姓氏所承载的内容要少于汉语姓氏。通常，姓氏具有如下两种作用。

①承载宗族观念

姓氏既是血缘关系的家族或宗族的标志，又可用于区分不同族群。家族或宗族因姓聚居，姓在心理上起到了宗族归属感的作用。在中国旧社会中，人们特别强调宗族观念，姓反过来又加深了宗法观念和制度。

②区别婚姻

中国具有"同姓不婚"的习俗。该习俗不仅是为了下一代而着想的，更是为了巩固家族的力量。由于不同姓氏的宗族集团一旦结成姻亲，就可以互相扶助，增强势力。

然而，英语姓氏就没有这些作用。另外，姓氏在英语文化中也远没有在汉语文化中重要。

（3）英语姓氏的随意性与汉语姓氏的求美性

英语姓氏千奇百怪，五花八门，很多中国人觉得不雅的、不吉利的、不悦耳的词，都被他们用作姓氏。例如，wolf（狼），poison（毒药），fox（狐狸），tomb（坟墓）等。相反，中国人对姓氏有着极为严格的要求，追求姓氏的美感。例如，汉语姓氏中不会出现"丑""恶"等字眼。汉语中源自部落图腾的

---

① 殷莉，韩晓玲，等．英汉习语与民俗文化［M］．北京：北京大学出版社，2007：23．

姓，如"狼""猪""狗"，为了避丑后来将其改成了"郎""朱"和"苟"。

（4）英语姓氏的表述性与汉语姓氏的概括性

英语姓氏有着明显的表述性，常常描述个体的特征。而汉语姓氏具有概括性，多表示族群，并不表述个体的特征。比如，英汉民族均有源于动物的姓氏，但其反映出的文化却存在诸多差异：英语中的动物姓氏反映出了个人的特征，如 bull 反映了人的忠实厚道或力气大的特点，wolf 反映了人的凶残者，Longfellow 反映了人的身子很长等；汉语中的动物姓氏，如龙、熊等皆为原始部落图腾的标志。

（二）英汉人名互译

1. 英译汉的方法

将英语人名翻译成汉语的方法主要有音译法、意译法和形译法。

（1）音译法

虽然一些中西方人名有某种含义，但人名作为一种符号，这种含义已完全丧失，因此人名通常采用音译法来翻译。一般来说，音译英语人名时要按照其发音及人物性别在汉语中找到合适的汉字来对应。运用音译法翻译人名时，需要注意以下几个方面。

①符合标准发音

符合标准发音是指译出的音不仅要符合人名所在国语言的发音标准，还要符合汉语普通话的标准发音，以使不同的翻译工作者在对人名进行翻译时可以做到"殊途同归"，从而避免不同的译名。

②根据性别翻译

在采用音译法翻译英语人名时，要注意选择可以进行性别显现的汉字。例如，将 Emily 译为"艾米丽"，将 Edward 译为"爱德华"。

③译名要简短

音译名要避免太长，以简短为妙，以便于记忆。翻译时，可将英语中一些不明显的发音省略掉。例如，将 Rowland 译为"罗兰"，而不是"罗兰德"；将 Engels 译为"恩格斯"，而不是"恩格尔斯"。

④译名避免使用生僻字和易引起联想的字

音译时必须采用译音所规定的汉字，不能使用那些生僻的不常使用的字和容易让人引起联想的字。例如，将 Kennedy 译为"肯尼迪"，而不能译成"啃泥地"。

（2）意译法

翻译英语人名时还可以采用意译法。例如，"A good Jack makes a good

Jill." 中的 Jack 是一个普通的男子名，而 Jill 是一个普通的女子名，所以将其翻译成"夫善则妻贤"。

（3）形译法

有一些译著或媒体还经常使用形译法翻译人名。由于中西方文化融合的速度越来越快，人们身边不断出现了很多新的人名，这些人名没有约定俗成之名可以遵循，也无法采用音译法进行翻译，此时就可以运用形译翻译法。例如，计算机语言 Pascal 语言，Pascal 这一人名在计算机书本中就直接形译，而没有采用其音译名"帕斯卡"。

2. 汉译英的方法

（1）音译法

音译法就是按照汉语拼音拼写方法先姓后名进行翻译。例如：

石秀一日早起五更，出外县买猪……

One morning, he（Shi Xiu）rose at the fifth watch and went to another county to buy hogs.

迎春姊妹三个告了座方上来。迎春便坐右第一，探春左第二，惜春右第二。

Then Yingchun and the two other girls asked leave to be seated, Yingchun first on the right, Tanchun second on the left, and Xichun second on the right.

（2）音译加注法

由于拼音只是音译，指称人的符号，原有的语义信息没有传递出来。如"朱德"中的"德"字，让人联想到"好品德""德高望重"等，但是拼音 Zhu De 中的 De 不可能让人有同样的联想。又如，"陈爱国"中的"爱国"的含义十分清楚，可是拼音 Chen Aiguo 中的 Aiguo 看不出有"热爱祖国"的含义。因此，对中国人名进行翻译时，有时可以用拼音，然后对汉语人名的含义加以解释，即音译加注法进行翻译，这样才能更好地使英语读者了解汉语人名的文化内涵。例如：

班门弄斧

This is like showing off one's proficiency with the axe before.

这里将"鲁班"翻译成了 Lu Ban the master carpenter，否则对于西方人来说是很难理解的。

我的父亲应许了；我也很高兴，因为我早听到闰土这名字，而且知道他和我仿佛年纪，闰月生的，五行缺土，所以他的父亲叫他闰土。

When my father gave his consent I was overjoyed, because I had since heard of Runtu and knew that he was about my own age, born in the intercalary month, and when his horoscope was told it was found that of the five elements that of earth was lac-king, so his father called him Runtu (Intercalary Earth).

（3）释译法

在翻译过程中，很可能会遇到一些难以理解的表达，此时就可以采用释译法。例如：

> 布帘起处，走出那妇人来。原来那妇人是七月七日生的，因此小字唤做巧云，先嫁了戈吏员，是蕲州人，唤做王押司，两年前身故了。方才晚嫁得杨雄，未及一年夫妻。

The door curtain was raised and a young woman emerged. She had been born on the seventh day of the seventh month, and she was called Clever Cloud. Formerly she had been married to a petty official in Qizhou：Prefecture named Wang. After two years, he died, and she married YangXiong. They had been husband and wife for less than a year.

二、英汉数字词对比与翻译

（一）one-一

英语 one 对应的汉语数字是"一"，二者的意义既有相同的地方又有不同的地方。具体体现在如下几个方面。

（1）one 与"一"均表示"同一""统一""一致"。例如，英语中的 as one（齐、一致），at one（完全一致），one and the same（同一个）等，汉语中的"天人合""万众一心""清一色""同一个世界，同一个梦想"等。

（2）one 与"一"均表示"一个"。例如，英语中的"one flower makes no garland"（一朵花做不成花环），"one swallow doesn't make a summer"（一只燕子形不成夏天），"one and only"（绝无仅有）等；汉语中的"一针一线""一笑千金"等。

（3）one 与"一"的文化内涵也有不对应的时候。英语 one 不能与其他词搭配使用，但汉语中"一"可以与其他词搭配并产生新的意义。例如，一针见血（hit the nail on the head），一见钟情（to fall in love at the first sight），一本万利（make big profits with a small capital）等。

（二）two-二

two 对应的汉语数字为"二"，它们均可以表示数字"两个"。但是，二者也有着不同的文化内涵。

在英语文化中，two 并不是一个吉利的数字。传说中，每年的第二个月的第二天对普路托（Pluto，冥王，阴间之神）来说是一个神圣的日子，所以这一天被人们认为是不吉祥的日子。在现代英语中，two 除了带有一定的中性含义外，还会包含一定的贬义色彩，例如：

Two of a trade never agree

同行是冤家

Two heads are better than one

两个总比一个强

Put two and two together

综合起来推断

然而，在汉语中，"二"除了代表具体的数字外，几乎没有其他引申含义，在实际的生活中，"二"多作为一个名词的构成成分来使用。例如，"二锅头""二流子""二鬼子"等。数字"二"之所以不被重用，是因为人们更习惯用"双""两"来代替"二"。例如，"双喜临门""两叶掩目""两面三刀"等

（三）three-三

three 对应的汉语数字是"三"。二者在英汉文化内涵上的差异主要体现在如下几个方面。

在西方人眼中，three 是一个最完美的数字。他们认为，世界由天空、大地、海洋部分构成；大自然包括动物、植物和矿物三部分；人体有心灵、肉体和精神；基督教倡导圣父、圣子和圣灵"三位一体"；政权也是行政权、立法权和司法权的"三权分立"。由于三角形是最稳固的形状，所以 three 常用来象征稳定和牢固。

此外，数字 three 还可以引申出其他意义。例如：

three handkerchief 催人泪下的伤感剧

three sheets in the wind 醉得东倒西歪

three-ring circus 乱糟糟的场面

在汉语中，数字"三"是一个极为普通的数字。但是，在数字的发展历史中，"三"的出现标志着人类对数字认识的一个飞跃。《老子》中的"三生万物"其实就是对人类数字思维发展飞跃的一个最基本的解释。在传统的汉文化中，"三"特别受人们的喜爱和推崇。"三"可以表示天、地、人；惜、今、未；上、中、下等，似乎有"三"就能代表全部，所以在中国人们常用

"三"归纳事物，表示"全部""多"等意思。"三"不但涉及政治制度、伦理道德、宗教关键等概念，而且也关涉到军事地理、社会民俗和日常生活等方面的内容。在现代汉语中，"三"也是一个异常活跃的词语。例如，"三更""三角恋""三言两语""三个代表""三线建设"" '三农问题' "等。

第五章 跨文化交际中习俗文化差异及其翻译理论与实例

习俗文化是在长期的社会生活中逐步产生的，因而习俗文化和它所处的社会息息相关，中西方社会环境存在差异，故其习俗文化也不尽相同。本章即对跨文化交际中的习俗差异及其翻译理论与实例展开分析。

第一节 节日文化差异及其翻译

一、中西传统节日的形成背景

节日就是具有群众性、周期性和相对稳定性的特殊日子，而传统节日则是传统民间文化生命力的集中展示，是人们在长期的历史发展和社会生活中逐渐形成的划分日常生活时间段落的特定人文记号[①]。但这种时间段落的划分，不仅仅是由人们主观的时间观念或者内在时间意识来决定的，它是自然时间（季节时间）过程与人文时间意识的有机结合，而且随着历史社会的阶段变化不断调整着文化主题。传统民族节日的形成是一个民族历史文化长期积淀的结果。

中国长期以来处于自给自足的封建农业社会和自然经济中，其传统节日具有浓厚的农业色彩，体现出农耕文明的社会特征，主要是从岁时节气转换而来的。在我国古代生产力和农业技术不发达的情况下，劳动人民十分重视气候对农作物的影响，在春种、夏长、秋收、冬藏的过程中认识到自然时序的复杂规律，总结出四时、二十四节气。勤劳的中国人民为了更好地生存，必须大力发

---

① 李欣. 比较视野中的中西传统节日文化［J］. 中州学刊，2008（7）.

展农业，而农业的发展离不开天气的关照，因而形成了以农业为主的传统节日①。古人云："春雨贵如油""清明忙种麦""谷雨种大田"，可见春节、清明节（古代称三月节）等都是重要的农事节日。

西方的传统节日大多是建立在宗教尤其是基督教文化基础上的。从英语辞源学上看，"节日"（holiday）一词本意就是"神的日子"或者"献身宗教的日子"，其传统节日起源带有浓厚的宗教色彩，如情人节（纪念名叫瓦伦丁的基督教殉难者）、复活节（基督教纪念耶稣复活）、万圣节（纪念教会所有圣人）、圣诞节（基督教纪念耶稣诞生）等。当然，西方节日中也有和农业有关的节日，但其以农业为主的节日历史不如中国漫长。而且，由于社会经济形态产生了巨大的历史变迁，其他类型的传统节日或日益淡化，或逐渐消亡，而让位于宗教性节日。

二、中西节日文化的差异

（一）习俗差异

1. 不同的节日用语

中国明清以来，在民间老百姓当中大都流行四字一句的吉祥节日用语，内容大体包括福、禄、寿、喜、财、多子、吉祥、如意、吉庆的思想。由于深受农耕文化影响，节日用语中还常涉及农事顺利、人畜兴旺的词句，在传递节日祝福时还会将祝福语以连串叠加的形式说出，以加强祈吉的诚意。如，"一枚粽子一颗心，两粒红枣红前程，三片粽叶轮好运，四根丝线情缠紧，五面棱角定分明，六六大吉溜溜顺，七星高照祥瑞绕，八方来财福满门"。这是一条以端午节的特色食品——"粽子"为主角，以工整的句式表传递了福、吉、财等意蕴的节日祝福。外国在西方文明背景下产生的传统节日，其节日用语则没有中国如此深厚的文学底蕴，而更多的是带有鲜明的宗教色彩和西方精神。如万圣节儿歌 Trick or Treat（不给糖就捣蛋）中出现了糖果、鬼、巫婆、小精灵等事物。

2. 不同的应节食物

首先，中国以农业经济为主，饲养、渔猎、采集等多种经济综合发展的生产方式，使得中华民族形成了以稻、黍、稷、麦、豆等农作物为主的节日饮食风俗。而国外受畜牧业文明的影响，其传统节日的应节食物中大多以牛、羊等

---

① 傅德岷. 中国八大传统节日 [M]. 重庆：重庆出版社，2007：87.

肉食品为主。其次，由于中华民族及其祖先在早期社会就掌握了钻木取火、烹制食物的技术，并且了解了熟食健康、味美的特性，同时，在农业文明中"民以食为天"的文化传统引导下，中国传统节日中的应节食物都是经过一定的工序加工制作而成，以熟食、热食为主，极少生食和不进行加工的食物。而欧美国家人们在追求实效、经济快捷的生活方式和个人主义的价值观念指引下，应节食物大多数不是注重食物的审美效果，而更多侧重食物本身的自然营养价值、餐具的礼仪等，应节食物中也多有冷菜或淡食的出现。

3. 不同的节日符号

所谓节日符号，是指在节日中具有象征意义和特定含义，被人们不断引用的事物。中国七大传统节日里都有特定的信仰神仙、神话故事、吉祥植物、吉祥动物、文字、习俗、饮食等，这些都是传统节日重要的节日符号①。中国传统节日的节日符号体现为内容上综合性和行为上的仪式性。而西方节日符号相比较而言，形式简洁，内容多宗教题材，其典型代表有蜡烛、棕榈树、颂歌等。蜡烛是国外传统节日里不可缺少的物品，往往象征着温暖、光明、生命的延续等美好愿景和柔和、温润的浪漫情调。如欧美圣诞前夕点蜡烛是一项重要的节日庆典仪式。

（二）形式差异

1. 集体与个体

中国由于受宗法和家族制度的影响，传统节日形式上强调集体，注重大局。以中国春节为例，春节吃除夕饭，又名"团圆饭"，是有史以来的惯例。大年三十举家团圆，远在千里之外和异国他乡的游子都在当天赶回家中，各家团聚，围坐聚餐，晚辈向长辈敬酒祝寿，长辈为晚辈祈福祝吉，体现出浓厚的中国文化韵味。而西方国家虽然也有类似的全家团聚的重大传统节日如圣诞节、新年、感恩节等，但同时却侧重于个人价值的挖掘和个人情感的释放。"'狂欢''新奇''神圣''浪漫'等是其节日精神的主要内核"②。这是中西传统节日各不相同，相互补充的重要特点。

2. 规矩与自由

传统节日的形式也体现出不同民族的伦理道德秩序。在儒家文化的深刻影响下，中国人表现为有所礼节、尊卑有序的"规矩"，追求"和谐"的节日氛围与社会秩序，而西方人则推崇个性张扬与个体愉悦的"自由"，突出"民

---

① 黄梅. 中国传统节日的符号研究［D］. 北京：首都师范大学，2009：24-27.
② 李欣. 比较视野中的中西传统节日文化［J］. 中州学刊，2008（4）.

主"与"自我"意识。中国古语"从心而不逾矩""乐而不淫，哀而不伤"等思想，体现了中国人遵循中庸的感情规范，因而中国传统节日庆祝常表现为家族内部的联欢，趋向于"内敛"和"非释放性"①。而西方传统节日则是真正意义上的"颠覆"礼制传统和等级制度，注重"情感宣泄"，有"较强的娱乐性"②。

3. 烦琐与简洁

中国有史以来严苛的礼制观念和传统的等级思想深深植根于中国人的内心， 这表现在中国传统节日的庆祝形式上时常有一套完整的程序和特定的流程，体现出烦琐的仪式性。而西方个性自由与精神自我意识则深入人心，使得西方传统节日形式上简洁、富有浪漫特质，节日的目的是突出个人情感的满足，而并非注重铺陈的程序。以具有共同主题的传统节日———中国七夕与西方情人节为例，古代中国人庆祝七夕时，常于庭院中摆放香案，案上置鲜花、水果、胭脂水粉、刺绣、日用品等，焚香祭拜，以向织女"乞巧"，此外常伴有"巧食"的习俗③。相比而言，西方情人节主旨在于以各种方式向他人表达爱意，并没有必须遵从的程序和规定可言，极具现代气息和随意性。

(三) 内涵差异

1. 人格信仰：尊神与宗教

农耕文明背景下的中国传统节日文化具有世俗性和泛神性，具有浓厚的尊神色彩，每逢重大传统节日进行祭神祭祖活动是中国人延续至今的传统。春节时，中国汉族有祭灶神、拜家神的惯例，少数民族地区还会祭山神、寨神等。关于元宵节最初起源于汉武帝祭祀太一神的活动也是有史可考。此外，清明、端午、重阳也有祭祀祖先和故人的传统，七夕有向"织女""乞巧"的习俗，中秋更有祭月神的说法。尽管西方也有类似的祭祀活动，但信奉对象往往为抽象的宗教教义或者具体的宗教首领、创始人或特定人物。

2. 价值取向："礼"与"法"

"礼"是古代社会用于定亲疏、决嫌疑、别同异、明是非的判断标准，作为中国古代社会的典章制度和道德规范，得到儒家文明影响下的中国古代社会极力尊崇，其精神内核的合理部分也被中国现代社会不断吸纳和传扬。中国传统节日中的拜年礼、馈赠礼、相见礼、酒礼、祭祀礼等都体现出中国社会讲求

① 林丹. 从中西方节日对比中透视中西方文化的差异 [J]. 安徽文学，2010 (12).

② 李军，朱筱新. 中西文化比较 [M]. 北京：中国人民大学出版社，2010：81.

③ 肖坤冰. 试论文化重建时代的"西俗东渐"的原因及其影响 [J]. 燕山大学学报，2009 (3).

"礼"的精神。而在受个人主义价值观和自由主义思潮影响的西方社会则极力推崇"法"的思想，追求"民主"和"公平"的社会氛围，因而西方传统节日形式表现上更具有现代气息和时代精神。

三、基于节日文化差异的翻译实例

（一）中国节日文化翻译

由于中国的节日具有独特的渊源和特点，所以在翻译中国节日时不能采用千篇一律的方法，更不能随意翻译，通常而言可以采用以下几种方法。

1. 直译法

采用直译法进行翻译能够确保译文保持原文的特点，同时还能使读者接受原文的文学风格。例如，春节、建军节、中国青年节等节日都可以采用直译的方法。春节中的"春"翻译成 spring，"建军"翻译成 army，"中国青年"翻译成 Chinese youth，所以三个节日分别翻译成 the Spring festival，the army day，Chinese youth day。采用直译的翻译方法，既坚持了翻译的原则，又避免了译文太过僵硬。中国传统节日在翻译时通常采取直译法进行翻译。

2. 按照农历翻译

在翻译中国传统节日时不必拘泥于表面的形式，而应该根据中国的习俗灵活运用多种翻译方法，如此才能将中国节日的内涵准确、清晰地传达给世界各国中国是个农业文明古国，因此产生的大部分节日都与农历有关。例如，重阳节是农历的九月初九，据说在这一天插茱萸可以让自己身体健康，驱赶瘟魔。再如，七夕节是农历的七月初七，相传是为了纪念牛郎和织女的爱情故事。按照农历进行翻译，重阳节和七夕节可以分别翻译为 the double ninth festival 和 the double seventh festival。有些节日可以有几种不同的翻译，如中秋节既可以翻译成 the mid autumn festival，又可以翻译成 the moon festival。清明节既可以翻译成 the Qing ming festival，也可以翻译成 Tomb-sweeping day。

3. 按照习俗翻译

按照习俗翻译中国节日可以使西方人从节日的名字中了解一些中国的习俗。按照习俗翻译指的是以人们庆祝节日的方式和内容为根据进行翻译。在中国，不同的节日有不同的庆祝方式，每一个节日的庆祝方式都各具特色。

（1）中国的端午节是为了纪念伟大的爱国诗人屈原，所以人们在端午节这天都要吃粽子并举行龙舟比赛。根据人们庆祝端午节的方式，通常将端午节翻译为 The dragon-Boat festival。

（2）中国的中秋节是为了纪念嫦娥与后羿的爱情故事。人们在这一天都要赶回家和家人一起赏月吃月饼，祈盼团团圆圆。按照这一习俗常将中秋节翻译成 the moon festival。

（二）西方节日文化翻译

西方传统节日通常采用直译或意译的方式进行翻译。例如，

Easter 复活节

New year's Eve 新年前夕

New Years Day 新年（1 月 1 日）

Epiphany 主显节（1 月 6 日）

Assumption 圣母升天节（8 月 15 日）

Corpus Christi 圣体节

Palm Sunday 棕枝全日（复活节前的星期日）

Rogation Days 祈祷节（耶稣升天节的前三天）

Feast of the sacred heart 圣心节

midsummer Day 施洗约翰节（6 月 24 日）

All saints'Day 万圣节

Maundy Thursday 濯足星期四（耶稣受难节）

Shrove Tuesday 忏悔节（四旬斋开始的前一天）

第二节　称谓文化差异及其翻译

一、中西称谓文化差异的成因

（一）等级观念不同

受到 2000 多年的封建文化和影响，中国社会各阶层之间，人与人之间，乃至于亲属之间的等级森严，而这在称谓语中也有着非常明显的体现。传统的中国人教育子女的一个非常明显的特点就是要让孩子说话得体，要讲究长幼尊卑。例如，小辈称呼长辈不能直呼其名，而是要有体现"叔伯、哥姐"之类的辈分称谓。在向其他人进行自我介绍时，要尽量贬低自己，抬高别人，在称谓语上要用卑职、舍弟、敝国、令尊、令堂、贵国等。而由于西方人的主流思想是追求自由平等，因此在英语的称谓语中，并没有过多地体现出汉语当中的

等级观念。所以在西方人的日常生活当中，父母可以直呼子女的名字，上级可以直呼下级的名字；反之，子女也可以对父母不称呼为爸爸、妈妈，而是直呼大名，对上级也可以不用称呼职务，而直接称呼他（她）的名字。这样的称谓不但不会被理解为是不尊重，反而会被视为是一种更加亲密的关系。

（二）宗法制度不同

早在中国的西周时期，就已经开始以血缘关系为基础设立了宗法制度，这种制度起到了维护西周政治等级制度和稳定社会秩序的作用。宗法制度虽然是一种比较原始的组织架构，但是至今却仍然在影响着现代中国社会、文化等方方面面。形成了中华民族重视人伦、重视亲情、重视家庭生活的传统，有利于维护社会的和谐稳定例如，不能直呼长辈和兄姐的大名，要遵循长兄为父的原则，同辈中，兄尊于弟，尤其是长兄，父亲死后，长兄即是父亲的化身，统管家庭成员等。正是因为受到宗法制度的影响，所以至今为止，在一些中国的传统家庭当中，在对待孙子与外孙子，孙女与外孙女的态度时，也往往会存在一定的区别。而对于发端于古希腊文化和古罗马文化的不列颠文化而言，由于经历的封建社会时间较短，进入资本主义社会的时间比较长，因此并没有受到宗法制度的束缚。特别是当西方社会的国家形成之后，更是意味着按地域治理社会的开始，以及血缘关系正式退出历史舞台，正式开始进入市民社会。在市民社会当中，人们追求的是自由平等，人与人之间没有老少之分。妇女老少之间是一种平等关系，他们之间更多的是一种朋友关系。

二、英汉亲属称谓词的对比翻译实例

称谓是人与人之间社会关系的反映，是习俗文化的重要组成部分。称谓可以分为两种：亲属称谓和社会称谓。对亲属称谓来说，同一个概念在不同的语言中所指的范围和使用的范围也不同。看起来简单的亲属称谓离开了特定的语言环境，就变得无法理解，很难翻译。在汉语中，哥哥和弟弟、姐姐和妹妹分得很清楚，而在英语中 brother 和 sister 却分不出长幼。例如，"To's brother helped Joe's Sister." 这句话就很难翻译，因为没有一个特定的语言背景根本无法知道 brother 是应翻译成哥哥还是弟弟，sister 应该翻译成姐姐还是妹妹。又如，英语中 cousin 一词，在汉语中可以翻译成"表哥、表弟、堂哥、堂弟、表姐、表妹、堂姐、堂妹"一系列的称谓。

英语中的亲属称谓大多比较笼统、比较简单，而汉语中亲属称谓大多比较具体、比较详细。英语亲属称谓和汉语亲属称谓分别属于类分式和叙述式这两个不同的系统。英语中的亲属称谓属于类分式系统。这种亲属称谓是以辈分来划分家庭成员的，英语中承认的血缘主要有五种基本形式，它们是兄弟姐妹、父母、祖父母、子女、孙儿孙女。在这五种等级中，第一等级包括我自己，我的兄弟姊妹及种种从表兄弟姊妹之属；第二等级包括我的父母以及他们的兄弟姊妹和种种从表兄弟姊妹之属；第三等级包括我的祖父母以及他们的兄弟姊妹和种种从表兄弟姊妹之属；第四等级包括我的儿女以及他们的种种从表兄弟姊妹之属；第五等级包括我的孙儿孙女以及他们的种种从表兄弟姊妹之属。

以这五种等级为依据，只有兄弟姐妹、父母、祖父母、子女、孙儿孙女有具体的称谓，其他亲属都没有具体的称谓。例如，在父母这个等级中，母称是 mother，父称是 father。父母的兄弟以及其他所有从表兄弟一律翻译成 uncle 这个词。英语中 uncle 一词包含了汉语中的叔父、伯父、姑父，还包含了母亲的兄弟以及母亲姐妹的丈夫。英语的亲属称谓系统不会表明亲属是于父系还是母系，属于直系还是旁系，英语的亲属称谓系统不区分亲属排列顺序，只以辈分来区分亲缘关系。

而我国汉族采用的则是叙述式的亲属称谓制度。它既包括血亲及其配偶系统，又包括姻亲及其配偶系统。血亲是由血缘关系发展起来的，而姻亲是由婚姻关系发展起来的。所以，我国汉族的亲属称谓错综复杂，十分详细。我国的亲属称谓表明了长幼顺序和尊卑辈分，并且区分了直系和旁系亲族，也区分了父系和母系亲族。游汝杰先生对我国的亲属称谓做出了比较具体的区分。

1. 辈分的区别

在汉语中，亲属称谓是有辈分区别的，由于辈分不同，所以称谓也不同。冯汉骥将中国现代的亲属称谓分为 23 个核心称谓，它们是祖、孙、父、子、母、女、姐妹、兄、弟、叔、侄、伯、舅、甥、姨、姑、嫂、媳、岳、婿、夫、妻。这些称谓都是有辈分区别的。

2. 同辈之间长幼的区别

汉语中同辈亲属之间如果长幼不同则称谓也不同。在古代妻子称丈夫的哥哥为"伯"或"兄伯"、"公"或"兄公"，称丈夫的姐姐为"女公"，称丈夫的弟弟为"叔"，称丈夫的妹妹为"女叔"。现代亲属称谓中，姐姐、妹妹、哥哥、弟弟、兄嫂和弟媳等都有区别。而在英语的亲属称谓中，相同辈分之间是没有长幼之分的，如 sister，brother，aunt，uncle 等都没有长幼之分在汉语中，兄、弟都翻译成 brother，姐、妹都翻译成 sister；姨子、嫂子、弟媳都翻译成 sister-in-law；而堂兄、堂弟、堂姐、堂妹、表兄、表弟、表姐、表妹都翻译成 cousin。

3. 父系和母系的区别

在汉语中，同辈亲属之间由于父系、母系的区别，亲属称谓也不同。例如，伯（或叔）—舅、侄—甥、父—岳父（丈人）、母—岳母（丈母娘）、姑—姨、堂兄表兄。而英语的亲属称谓则没有父系和母系的区别，如 uncle，aunt，nephew，cousin 等都没有父系亲属和母系亲属的区别。汉语中的祖父、外祖父都翻译成 grandfather，祖母、外祖母都翻译成 grandmother；汉语中伯祖父、叔祖父、姑公、舅公、姨公都翻译成 granduncle，而伯祖母、叔祖母、姑婆、舅婆、姨婆都翻译成 grandaunt；汉语中伯父、叔父、姑父、舅父、姨父都翻译成 uncle，而伯母、叔母、姑母、舅母、姨母都翻译成 aunt。

4. 血亲和姻亲的区别

血亲是由血缘发展起来的亲戚，而姻亲是由婚姻关系发展起来的亲戚。在汉语中，同辈亲戚之间由于血亲和姻亲的不同，称谓也各不相同。例如，现代称谓中的哥哥—姐夫、姐姐—嫂嫂等而在英语中亲属称谓没有血亲和姻亲的区别。英语中的岳父和公公在英语中都翻译成 father-in-law，而岳母和婆婆都翻译成 mother-in-law。

5. 直系和旁系的区别

汉语中同辈亲属之间由于直系和旁系的区别，他们的称谓也不同，如父—叔、女—侄女、甥女等。而在英语中亲属称谓并没有直系和旁系的区别。

三、英汉社会称谓词的对比翻译实例

（一）衔职称谓语

英语和汉语都可用职衔来作为称谓词，但英语中职衔称谓语多用对皇族、政府上层、宗教界、军界和法律界的称谓。比如，Queen Mary、Prince Charles 等。与汉语中的"姓氏+职衔"的形式，相比英语的这种称谓远不如汉语普遍。

中国可作职衔+姓氏的称谓形式有：

1. 职业称谓

指受话人所从事的、在大众心目中有地位的称谓。例如，老师、医生、经理、教练、记者、律师等。而一些技术性较强的体力劳动职业如司机、厨师、理发师、电工等，不用作职业称谓。

2. 头衔称谓

指以受话人所领有的官衔、职衔、学衔、军衔等来作为称呼语的称谓，它实际上既是一种职务的具体化，也是一部分职业称谓的具体化。头衔称谓可分为官衔、职衔、学衔、军衔四种。

中国人与带职衔的人讲话，不管其职衔的大小，往往以这种形式相称，如王科长、李主任。这除了表示对称谓对象的尊敬之外，也反映了中国社会的官本位、权本位的观念和上尊下卑、尊人卑己的礼貌原则。而英语中一般工作人员对厂长、经理、主任，一般教员对校长、系主任，学生对教师多用 Mr. (Mrs.，Miss) +Surname 的形式（包括上下级关系）。因为西方人际关系讲求平等，因此，在学校，教师与学生也有朋友似的感觉，教师并不处于至高无上的地位；在公司，老板和职员间并没有不可逾越的障碍；即使在等级森严的军队中，成功的军官一般也不采用绝对的权威口吻与下级讲话，而是让士兵在平等的氛围中产生协作精神，从而自觉完成任务。

（二）对老年人的尊称

汉语中用"老"+姓（或+职业）和姓+"老"来作为社会称谓，这是英语中根本没有的。如果硬把"老王"译成 Old Wang 或 Senior Wang，将"王老"译成 Wang Vieux，那就要闹笑话。汉语中的这种称谓方式是社交时说话人对受话人所使用的一种尊敬称谓。如老李、老王，李老、叶老，冰心老人等。汉民族有尊敬老人的习惯，因为年老的人有丰富的人生阅历和生活经验，这是他们值得骄傲的地方。俗语道："姜是老的辣""老将出马，一个顶俩"都是对老年人的赞扬。因此，无论在正式或非正式的场合，凡遇"老者"或"长者"通常选择尊称。但不同的文化对年老有不同的理解，"old"一词在美国是难以接受的，这与"老而无用"的美利坚民族心态有关。美国的老人谁也不想别人说自己老，更不想变老。在他们看来 Age is a burden. Old age is itself a disease. 所以他们费尽心血地借用其他词项来委婉地表示"老"这一概念，如 a seasoned man（历练者），the advanced in age（年长者），the mature（成熟者），elder hostel（老人团），retirement home（敬老院），private hospital（老人院），nursing home（养老院），golden age club（老人俱乐部），adult community（老人区）。对他们只需要用普通的称呼即可。同样，汉语中用"小"+姓（或+职业）的称呼方式，这也是英语中所没有。

（三）敬称与谦称

中国受封建君主专制制度和儒家礼制的影响较大，所以中国人喜欢用恭敬的口吻称呼他人，借以抬高他人，而用谦恭的口吻称呼自己以表达自己谦恭的态度。于是便有了汉语中的敬称与谦称。汉语中的敬辞与谦辞主要有以下几种。

（1）称对方的父母（敬称）：令尊、令翁、尊大人、尊侯、尊君、尊翁

　　　称自己的父亲（谦称）：家父

翻译成英语为：your father，my father

（2）称对方的母亲（敬称）：令堂、令慈、尊夫人、尊上、尊堂、令母

称自己的母亲（谦称）：家母

翻译成英语为：your mother，my mother

（3）称对方的妻子（敬称）：太太、夫人、令妻、令正、贤内助、贤阁

称自己的妻子（谦称）：妻子、爱人、内人、贱内

翻译成英语为：your wife，my wife

（4）称对方的兄弟姐妹（敬称）：令兄、令弟、尊兄、尊姐、令妹

称自己的兄弟姐妹（谦称）：家兄、家姐、舍弟、舍妹

翻译成英语为：your brother，your sister，my elder brother/sister

（5）称对方的儿子和女儿（敬称）：令嗣、令郎、令子、令媛、令爱

称自己的儿子和女儿（谦称）：犬子、小女、息女

翻译成英语为：your son，your daughter，my son，my daughter

（6）称对方的著述（敬称）：大著、大作、大稿

称自己的著述（谦称）：拙译、拙文、拙著

翻译成英语为：your writing，my writing

（7）称对方的住所（敬称）：府上、尊府

称自己的住所（谦称）：舍下、寒舍

翻译成英语为：your house，my house

（8）称对方的见解（敬称）：高见

称自己的见解（谦称）：鄙见、管见、愚见

翻译成英语为：your opinion，my opinion

第三节　婚丧文化差异及其翻译

一、中西婚姻文化对比

（一）婚姻观念比较

1. 中国人的婚姻观

在中国，人们把婚姻当作人生的头等大事，在选择婚姻时都比较谨慎，一旦决定了就不会随意改变。因此，中国人的婚姻通常相对稳定。长期以来，中

国人都把婚姻与道德联系起来，认为婚姻是一个极为严肃的道德问题。夫妻双方中如果一方出现了喜新厌旧，或第三者插足，这些行为都被认为是不道德的。此外，中国的家庭成员十分看重家庭，尤其注重家庭各个成员之间的伦理关系，婚姻中的"夫唱妇随"就是很好的证明。

2. 西方人的婚姻观

在西方文化中，人们认为婚姻不属于道德问题的范畴，婚姻是个人的私事，不允许外人进行干涉。因此，西方人认为一个人有权选择自己的婚姻对象，他自愿和最喜欢的人生活在一起。如果发现现有的婚姻是一个错误，他有权力选择终止这段婚姻，并做出新的选择。在西方人的观念里，他们不能接受两个不相爱的人在一起生活，并认为强迫两个人在一起是非常残忍的行为。西方的这种婚姻观与西方文化中宣扬以人为本的思想是分不开的，在这一思想的影响下，西方人注重追求个人的自由与权利。在西方文化中，每个人都是上帝的子民，每个人都应该平等地享受爱与被爱。家庭、教会和国家都是为个人而存在的，因此应当保护个人的权利和尊严，从而不断地推动个人的全面发展。

（二）婚礼细节比较

1. 媒人与牧师

在中国，自古就有"父母之命，媒妁之言"之说，媒人在中国传统婚姻制度中有着很重要的地位。在中国传统社会，媒人，俗称"红娘""媒婆"，他们的主要职责在于撮合男女婚事。媒人不仅为男女双方的婚事而奔波，还会对二者的纠纷进行调停。媒人在中国的封建社会中不仅上升到礼的高度，更被法律所规范，媒人还是双方家长意志的代理人。只有有媒人作证，男女二人的婚姻才合法化，否则便被认为是可耻的、不光彩的。

在西方婚礼中，牧师起着非常重要的作用。新郎、新娘都在教堂里举办婚礼，婚礼通常由代表上帝的牧师主持，新人在亲朋好友的见证下，接受牧师的提问：

你愿意在这个神圣的婚礼中接受新娘（新郎）作为你合法的妻子（丈夫），一起生活在上帝的指引下吗？你愿意从今以后爱着她（他）、尊敬她（他）、安慰她（他）、关爱她（他）并且在你们的有生之年不另作他想，忠诚对待她（他）吗？

Do you take brides name (grooms name) for your lawful wedded wife (wedded husband), to live together after Gods ordinance, in the holy estate of matrimony? Will you love, honor, comfort and cherish her (him) from this day forward, forsaking all others, keeping only unto her (him) for as long as you both shall live?

在得到双方的肯定答复后，牧师才宣布他们成为合法的夫妻。虽然牧师在婚礼中出现的时间很短暂，只有几分钟，而且他们在婚礼上所说之词都是相同的，但是他们的存在不仅给婚礼增添了一种神圣感，同时还有力地公布了新郎、新娘结合的合法化。因此，在西方的婚礼中，不能忽视牧师的重要作用。

2. "早生贵子"与撒米粒

在中国传统婚俗中，人们对新人的祝愿中多是早生贵子，这婚俗在为新人"铺床"的方式中很好地体现了出来。"铺床"在婚礼中是十分重要的一个活动。多由长辈或儿女双全的人来铺，同时也会在床上抛撒一些具有美好寓意的坚果物品，如红枣、花生、桂圆、莲子等，这些物品都象征着"早生贵子"，祝福新人和和美美，早日得子。在西方的婚礼中，有撒米粒的习俗，西方很多国家在婚礼中都有撒谷物的习俗。由于米粒象征谷物的收成，向新人撒米粒不仅寓意新人能多生贵子，还象征着新婚夫妇的财产像丰收的谷物一样，有兴旺发达、昌盛富饶的含义。例如，在英国，早期人们都是撒小麦和玉米，到了公元 9 世纪中期才出现撒米粒的习俗。

二、中西丧葬习俗对比及文化透视

（一）中西丧葬习俗对比

1. 举办主体及程序差异

中国传统葬礼的举办主体是逝者的家族或宗族，主要在逝者的家中或其宗族的祠庙举办，亲属请来阴阳道士作为人间与阴间沟通的媒介，举办一些法事活动，为逝者安神驱鬼，同时为其家属祈福。中国传统丧葬仪式一般自逝者去世开始，延续时间较长，贵族之家停灵即可达 49 日，一般平民家庭多为逢逝者去世之日起七日做法事，从头七开始，一般做到五七，最多可能到七七。其中的主要部分——葬礼可以大致分为四个步骤：报庙、送汤、出殡、圆坟。"报庙"发生在逝者去世当天，由逝者子孙从家里一路哭喊到其居住地路口，用哭声报告逝者去世的消息。"送汤"是指在出殡以前，逝者子孙将祭祀食物送往挖好的墓地。"出殡"是葬礼中最重要的环节，一般发生在逝者去世后的第三天、第五天或第七天，将逝者运往墓地，途中不可使逝者遗体见光，其本家子孙一路哭喊跟随。家境富裕的人家还会雇佣舞狮子、唱戏班等前来表演，以示孝心。"圆坟"发生在出殡后次晨或五七，逝者本家男性为其坟头添土，将坟头变为饱满的圆形，并焚烧冥币，以示圆满入葬。

鉴于其宗教社会性质，西方传统葬礼的举办主体往往是宗教教会，举办场所在教堂，牧师在逝者去世之前就来倾听逝者的临终忏悔，为其主持清洗更衣，并举办弥撒，组织教会人员为其唱赞美诗，举办追悼会。在追悼会上，牧师会介绍逝者生平，组织参加追悼会的人员为逝者祷告，直至主持下葬仪式。

2. 墓地差异

中国墓地的选址讲究风水之说，注重天人合一，依山面水。从墓地选址、墓地规模及陪葬品可见逝者的身份地位。根据中国的传统，人死后的世界与生前有相通之处，所以可见自秦始皇起的历代皇帝为自己的墓地选址耗时耗力，以找到庇佑自己皇朝和子嗣的风水宝地。如秦始皇陵参照皇宫而建，墓地的建设耗时多年，劳民伤财，各功能区一应俱全，甚至需要真人殉葬。普通人虽不及皇帝贵族，但也尽可能用不同质地的陪葬品为逝者提供死后所需的用品钱财。墓地前面大都立有墓碑，多为大理石质地（也有普通青石或水泥制作），石刻记录逝者的名字、生卒年份以及立碑者的身份，立碑者多为其子女。

西方人一生中的重要事件都与教堂密不可分：出生时的洗礼仪式、成年后的结婚仪式、去世后的丧葬仪式都在教堂举行，很多人的墓地也在教堂旁边。因为教堂在城市或者乡村都随处可见，所以墓地与人们的现实空间并无距离。重要人物会有机会在著名的大教堂寻得一块生后的安身之地，比如英国的威斯敏特教堂就葬着英国王室成员、著名科学家、文学家等。更多普通人的墓地则是在生前的故乡或者生活所在地，如莎士比亚及其家人的墓地就在其故乡沃里克郡斯特拉福镇的一个教堂里。与中国墓地不同的是，西方的墓地因与生活区毗邻，甚至就在生活区里，所以并无肃穆凄凉之感，多了几分与世人同在的存在感。西方墓碑也采用石质，除了逝者基本信息及立碑者与逝者的关系外，大多数墓碑上还刻有悼念逝者或赞美逝者的文字。

3. 丧葬基调差异

中国素有"红白喜事"之说，红色喜事多指婚礼（在一些地区，生孩子、老人办寿等也称之为红事），白色喜事是葬礼，婚礼与葬礼也被认为是一生中最重要的两件大事。中国传统的丧葬仪式中，白色是绝对的主色调，尤其逝者的子嗣们皆应披麻戴孝，从头到脚全穿戴白色，甚至女性的头发也要用白色细绳捆绑。白色在西方是圣洁的象征，是婚礼的主色调，新娘身穿洁白的婚纱，代表其贞洁与纯洁。而黑色作为肃穆、庄重之色，为西方丧葬仪式的主色调。中国传统中还有为逝者"戴孝"之说，即长辈去世后子女忌穿红色、绿色等颜色鲜艳、喜庆的衣装，戴孝时间多为一年。

中西方丧葬基调在音乐的选用、哭泣上也有体现。中国传统葬礼以热闹为主，所选用丧葬音乐多由传统民族乐器演奏，声音哀伤；在丧葬期间，有条件的家族会请戏班子、舞狮子等民间表演，以热闹来表示对逝者的孝道。家属在报庙、送汤、出殡等各个步骤用大声哭喊来表达对逝者的不舍，甚至有的地区有专门的丧葬哭泣人员，在出殡时大声为逝者哭喊，哭得声音越大越能显示出家族子嗣对逝者的孝心，只要眼泪不落到逝者身上即可。西方各个国家或地区的传统葬礼选用音乐各有不同，但大都是根据《圣经》而作的，很多歌词为《圣经》中的诗文集锦。从节奏上看，多以轻柔寄托宗教的神圣；从内容上看，多体现逝者的一切归上帝所有，赞美逝者灵魂所去之处是幸福的天堂，表达生者与逝者都遵从上帝意愿的心情。因为对逝者灵魂去往极乐天堂的信仰，号啕大哭在西方国家的丧葬仪式中极为罕见。

4. 丧葬用具差异

中国的传统丧葬涉及的用具主要有寿衣、棺材、冥币、陪葬品。逝者所穿寿衣为一套，头戴寿帽，身穿寿服，脚蹬寿鞋。寿衣面料多为锦缎，并绘制吉祥图案。棺材为木质，如同逝者死后的床。冥币又称纸钱，即用纸做的可用于阴间的通用货币。陪葬品种类繁多，传统陪葬品可以彰显逝者的家族势力及财富，在各地墓地考古发现的陪葬品可见金、银、铜、玉等各种珍贵材质，而最常用的是纸质陪葬品，直接在逝者墓地前焚烧，有车马、家具、男女仆人等各种类型，为逝者在另一个世界的生活服务。

西方葬礼用具则与其宗教活动密切相关，主要有圣水、十字架和蜡烛。基督教中的原罪论认为人之所以来到这个世界上，是要用一生来救赎，消除自己的原罪。出生时，人需要接受水的洗礼，开始被拯救之旅。去世时，依然要接受洗礼，用圣水洗涤干净尘世所留污迹。十字架因为耶稣之死而成为基督教的标志，丧葬仪式在教堂举行，十字架代表着逝者身份。蜡烛因能产生光明，将带领逝者走向天堂，为其照亮前方的路，也经常在丧葬仪式中使用。

（二）中西丧葬习俗背后的文化透视

1. 中国是宗法制社会，西方是宗教社会

中国传统中，个人的生死不仅关乎本人及其在家庭中的地位，更关乎他和家族、宗族及其亲属的密切联系，因此传统丧葬与家族组织密不可分。例如，在丧葬中有"五服"仪礼规定，五服范围包括以"己"为基准向上两个辈分、与"己"平行、以"己"为基准向下两个辈分的宗族至亲。在某些地区，"五服"是亲族关系的外延标准，"不出五服"代表彼此的亲近关系仍属于家族范围内，可以视为亲密关系。中国社会几千年以来形成的重家族、重血缘的宗法制社会原则，使得中国的丧葬突出"孝"之道，一个人的丧葬仪式成为一个家族彰显势力与凝聚力的小规模社会性活动。

西方大多为宗教社会，宗教在国家中的势力强大，中世纪时期教会的权利甚至高于皇室或者国家，教义中对死亡及丧葬仪式的描写得到了大众的接受。因此，西方社会的丧葬仪式主要以教会为主体，在丧葬用具、墓地选址、丧葬程序等方面围绕教义、教堂进行，更加关注逝者的灵魂所至。而教义中强调的人本位，使西方社会伦理建立在以个人为主体的基础上，主张个性，强调个人的价值，注重个人奋斗的英雄主义和个人主义。在丧葬礼仪中，除了体现对上帝的信奉外，众生平等，并无中国传统中对父母长辈的孝敬思想体现。

2. 中国崇尚天人合一，西方信奉二元论

中国传统丧葬虽然不受任何单一宗教的控制，但从丧葬礼仪中可见佛教与道教对传统丧葬的影响。道教认为人死而"仙逝"或"仙游"，佛教认为人不仅有今生，还有前世和来生，有无数的生死轮回，而今生的死亡只是其中的一个轮回。因而中国人认为人的去世是"魂魄"离开了肉体，在阴间将过着和在阳间类似的生活。这也是中国传统丧葬中重视墓地建设的原因，著名的帝王陵墓都如皇宫般设计，一应俱全，完全是人间的写照。西方基督教教义认为世界应该是二元的，共分为两个层次：一个是感官世界层，也就是我们肉体所在的物质世界，利用感官神经即可辨识；另一个是真界层，只能依靠心灵才能感应。感官世界是恒变的，无时无刻不在发生着变化；而真界是恒久的，永远不变。人由肉体和灵魂共同组成，肉体在感官世界的终结意味着灵魂离开肉体，灵魂将穿过感官世界回到真界，与上帝在一起永远存在下去，且不必再遭受肉体的折磨，亦即获得解脱。因此，基督教的葬礼重在安抚逝者的灵魂，并祈祷其去往天堂。

3. 中国现代丧葬文化流失严重，城市地区尤为明显

中国现代丧葬趋向于制度化、程序化，从内部原因来讲，是由于传统丧葬习俗源于农业文明，而目前处于工业化的社会转型期，城市化进程使得传统丧葬习俗的实现出现了困难，传统葬礼被割裂和陌生化。当亲属去世时，很多人手足无措，如果不求助于专门的殡葬机构，就不知道如何处理，而殡葬服务流程化使得传统丧葬的教育功能流失，传统丧葬习俗的缺失也使得丧葬文化在传承中出现了断裂。现代生活节奏的加快及家族散居也造成了现代人在筹办葬礼时在时间和空间上的无奈，进一步加剧了传统丧葬文化的断裂进程，使现代葬礼举办主体成为专门殡葬机构摆弄的木头人。于是，很多人在经历亲人死亡事件后，都会慨叹生存无意、生命空虚，显示出中国现代葬礼在人文精神塑造上的失误和缺位。

三、基于婚丧文化差异的翻译实例

(一) 直译

汉英婚姻文化中，存在很多形象与语义一致的文化词。对婚姻文化进行翻译时，如果汉语的婚姻文化词与英语有着相同的文化内涵，可以采用直译的方法保留原文中的形象。例如：

新娘 bride

新郎 bridegroom

priest 牧师

wedding march 婚礼进行曲

(二) 直译加解释

有时，汉英婚姻文化中的文化词虽然字面意义相同，但是却有着不同的隐含意义，仅仅采用直译的方法并不能将其形象地译出，这时往往需要采用直译加解释的方法进行深入的说明。例如：

五更鼓出来拜堂，听见说有婆婆就惹了一肚气。出来使性掼气，磕了几个头，也没有茶，也没有鞋。拜毕就往房里去了。丫头一会出来要雨水煨茶与太太嗑；一会出来叫拿炭烧着了进去，与太太添着烧速香；一会出来到厨下叫厨子蒸点心、做汤，拿进房来与太太吃。

（吴敬梓《儒林外史》）

At the fifth watch, when it was time for the bride to pay her respects to her husband's ancestors, she was furious to learn that she had a mother-in-law. She kowtowed sullenly a few times, without offering tea or shoes then went straight back to her room. Her maids kept coming out to demand rain water for their mistress's tea and charcoal for her incense, or to ask the cook to make dumplings or soup for her.

Without offering tea or shoes: It was the custom for a bride to present tea-leaves and shoes which she had made herself to her father and mother-in-law as her first Riff to them.

（杨宪益、戴乃迭译）

翻译上述例句中的"也没有茶，也没有鞋"时，译者在译文中将其直译为 without offering tea or shoes，然而这对英语读者来说，会难以理解，不能充分地理解原文所要表达的真实含义，为了避免这一阅读困扰，译者进行了深入层次的说明，也就是对其进行了解释。这样，译文就完整地再现了原文的信息，也便于英语读者的理解和掌握，有效地传达了原文中的婚姻文化信息，从而逐步地实现跨文化间的交融。

（三）意译

当汉英婚姻文化的语义表达不同时，如果仅仅采用直译法，译文读起来会很生涩和抽象，当原文中的形象与目的语的形象不一致的时候，译者往往会舍弃形象，采用意译法进行翻译。例如：

回来又听见凤姐与王夫人道："虽然有服，外头不用鼓乐，咱们南边规矩要拜堂的，冷清清使不得。我传了家内学过音乐管过戏子的那些女人来吹打，热闹些。"王夫人点头说："使得"。

（曹雪芹《红楼梦》）

Then he heard Xifeng say to Lady Wang, "Although we're in mourning and won't have musicians outside, according to us southerners' rule they must bow to each other and utter silence won't do. So I've ordered our troupe of house musicians to play some tunes and liven things up a little. "

"Very well," said lady Wang, nodding.

（杨宪益、戴乃迭译）

原文中的"拜堂"对汉语读者来说非常熟悉，是中国传统婚礼仪式的重要环节，然而这文化对英语读者来说是非常陌生的，如果对其进行直译，则会令英语读者感到困惑，这时需要采用意译的方法进行翻译，将其背后的文化含义译出，即 bow to each other，形象、鲜明地令英语读者理解并接受。

（四）意译加解释

在对丧葬文化进行翻译时，有些词尽管采用了意译的方法，但是译文还会给读者带来一定的理解困扰，此时就需要对译文做出进一步的解释，也就是所谓的意译加解释的方法。例如：

张静斋屈指一算："铭旌是用周学台的衔。墓志托魏朋友将就做一篇，却是用谁的名？其余殡仪、桌席、执事、吹打，以及杂用，饭食、破土、谢风水之类，须三百多银子。"

（吴敬梓《儒林外史》）

Mr Chang reckoned on his fingers. On the funeral banner they could use Commissioner Chou's name. Wei Hao-ku could write the epitaph——but whose name should they use for it? Then there would be the cost of the funeral. Feasts, musicians and all the rest, with the food, payment to the grave diggers and geomancer, would mount up to over three hundred tales of silver.

the funeral banner: It was the custom to ask an eminent citizen to inscribe the long banner used during a funeral with the dead person's titles and achievements.

geomancer: In the choice of a burial ground, great attention was paid to the lie of the land, the position of hills and water in the vicinity, and so forth; for these factors were believed to affect the fate of the descendants.

（杨宪益、戴乃迭译）

上述例句中，翻译"铭旌""谢风水"时，虽然使用了意译的方法分别将其译为 he funeral banner 和 geomancer，但是会令英语读者感到困惑，无法理解译文所表述的真实内容。之后，译者采用加解释的方法，分别对其做出进一步的解释说明，这样便于英语读者的理解与接受，从而更好地了解中国古代丧葬文化，最终实现跨文化间的交流与融合。

通过上述分析可发现，对英汉丧葬文化进行翻译时，需要了解英汉丧葬文化的差异，这样有利于译者按照目的语的丧葬文化进行翻译。反之，则会不利于翻译的进行，也会因不恰当的译文给读者带来一定的阅读障碍，最终对有效的跨文化交际造成了一定的影响。

第六章　跨文化交际中生态文化差异及其

翻译理论与实例

　　人类生活所处的大自然中包含着各种奇妙的现象，这些现象不仅寄托着人们的情感，还蕴含着丰富的生态文化。由于地理环境以及思维方式等的不同，这些生态文化存在着显著的差异，本章主要以跨文化交际为背景，对动植物词文化、色彩词文化、自然现象文化等生态文化进行系统比较，并一一列举了生态文化翻译的策略及实例。

第一节　动植物词的文化比较与翻译

一、动物词文化比较与翻译

（一）动物词文化比较

1. 相同动物词汇表示相同的文化内涵

　　尽管东西方文化之间存在着巨大的差别，但是这不代表两者之间没有任何共同之处。就动物文化而言，有些词汇表示的文化内涵是相同或相似的。

　　（1）pig——猪

　　西方文化中，pig 的文化内涵与中国的"猪"基本相同：肮脏贪婪、行为恶劣。因此，与猪有关的说法经常带有贬义色彩。

　　在中国传统文化中，猪是"馋""懒""笨"的象征，究其原因，主要是因其猪肥胖的形象及其贪吃、贪睡的习性所致。而由此也衍生出了很多表达，这些成语大多是贬义的。例如，"懒得像猪""肥得像猪""笨得像猪"等。

　　当然，猪在中国文化中也有憨厚、可爱的形象。例如，中国民间有"金猪"一说，很多存钱罐惯以猪的形象制作。

（2）ass——驴

在汉语中，驴通过用来形容人比较"笨、愚"，如有"笨驴"的说法。在英语中，an ass 也表示 a foolish person，即"傻瓜"。可见，ass 和驴的文化内涵基本是一致的。

除了上述介绍的几种动物词汇的文化内涵相同，还有一些英汉动物词汇的文化内涵也是相同或相似的。例如：

as busy as a bee

像蜜蜂一样忙

as free as a bird

2. 相同动物词汇表示不同的文化内涵

（1）dragon——龙

①dragon 在英语文化中的内涵

英语词典里对 dragon 一词的定义有很多，但大多都含贬义。例如：

The American Heritage Dictionary；

它是一种长着狮子的爪子，蛇的尾巴，模样像巨大的爬行动物的怪物；

在西方，人们通常认为 dragon 是有翅膀、吐火焰的怪物。在一些描写圣徒和英雄的传说中讲到和龙这种怪物进行斗争的事迹时，也多以怪物被杀为结局。因为人们认为它是恶魔的化身，是一种狰狞、凶残的怪兽，应该予以消灭。

②龙在汉语文化中的内涵

我国在远古时期就有了龙的雏形——人面蛇身。这些人面蛇身像大多描绘的是女娲、伏羲等一干众神，后来就逐渐演化成了龙。这反映了远古人类最原始的崇拜和敬畏。在远古人类的生活中，有太多的东西不被当时的人所理解，也有太多的东西使人们感到畏惧与无助。于是，法力无边、呼风唤雨的龙就出现了，并逐渐形成了龙图腾。这可以说是人类将自然具象化的结果。正是由于龙的上述特性，后来就用于象征帝王、皇权，成为权力和地位的象征，大约从秦始皇开始，就有把帝王称之为"龙"的说法。汉朝以后，"龙"就成了帝王的象征。与帝王有关的事物也被冠以了"龙"字。①

时至今日，龙的形象已经成为中华民族的象征，至今海内外的炎黄子孙仍自称"龙的传人"，在世界上以作为"龙的传人"而自豪。

---

① 张娜，仇桂珍．英汉文化与英汉翻译［M］．成都：电子科技大学出版社，2017：62.

（2）dog——狗

西方人与中国人都有养狗的习惯，但是两者对狗的看法和态度截然不同。

①dog 在英语文化中的内涵

在西方，dog 主要是一种爱畜、宠物，尤其对英国人而言，dog 既可以帮助人们打猎、看门，也可以作为宠物或伴侣看待。在西方国家，dog 通常被看作是人们的保护者和忠实的朋友，甚至被视为人们家庭中的一员，因而 dog 常常被称为 she（她）或 he（他）。可见，"狗" 在西方文化中的形象比较积极、正面。正因如此，在英语中以 "狗" 作为喻体的词语多数含有褒义。西方人用 dog 指人时，其意思相当于 fellow，不仅没有贬义相反还略带褒义，使语气诙谐风趣。例如：a lucky dog（幸运儿）。

英语中的 dog 一词除了含有褒义之外，还有表示中性的含义，如 dog eat dog（残酷竞争）。当然，在英语中，也有少数与 dog 有关的习语也表示贬义。例如：a lazy dog（懒汉）。但总体而言，dog 在西方文化中褒义的成分居多。

②狗在汉语文化中的内涵

中国人自古就有养狗的习惯，但是中国人从民族感情、文化传统、思维方式上对狗并不像西方人对狗那样亲近。狗在汉语文化中是一种卑微的动物。汉语中凡是同 "狗" 连在一起的成语、词组大都表示贬义。例如："偷鸡摸狗" "狼心狗肺" "狐朋狗友" "狗头军师" "狗急跳墙" "丧家之犬" "狗血喷头" "鸡鸣狗盗" 等，它们基本都是含有贬义、辱骂性质的词语。

当然，随着我国人民生活水平的提高，狗也逐渐成为很多城市人生活中不可缺少的一部分。

由此可见，英汉语言中 "狗" 的文化内涵有很大区别，在翻译过程中要多加注意。

3. 不同动物词汇表示相同的文化内涵

（1）tiger，lion 与老虎、狮子

在西方文化中，百兽之王不是虎（tiger）而是狮子（lion）。在英语中，lion 是勇敢、凶猛、威严的象征。英国国王 King Richard 曾由于勇敢过人而被人称为 the Lion-Heart，而英国人则以 lion 为自己国家的象征。

可见，英语中 lion 的文化内涵与汉语中老虎的文化内涵是相似的。因此，在对有关 lion 或老虎的词语进行翻译时要注意做相关调整。例如：

fight like a lion

勇敢地战斗

在汉语文化中，虎是 "山兽之君" "百兽之王"，是英勇大胆、健壮有力、坚决果断、威猛勇武的象征。中国人常借虎以助威和驱邪，保佑安宁。因此，

虎的勇猛形象自然就成了英勇作战的将士们的象征，故汉语言里有"虎将""虎士""将门虎子"之称，成语表达则有"猛虎下山""如虎添翼""虎踞龙盘""虎胆雄威""虎背熊腰""虎虎有生气""九牛二虎之力"等。不过，人们在尊虎为"百兽之王"的同时，也对虎的凶残毫不掩饰，如"虎穴""虎口拔牙""拦路虎""虎视眈眈"等词。例如：

虎胆英雄

hero as brave as a lion

（2）horse 与牛

在西方文化中，牛主要是用来做祭祀的一种动物。在西方的许多宗教活动中，祭牛是一种主要的仪式，献祭的牛被看作是人间派往天国的使者；同时，在西方文化中，牛也是能忍受劳苦、任劳任怨的化身。

而中国古代是农耕社会，牛是农业生产劳动中最重要的畜力，这种密切的联系使人们常常把牛当作喻体来形容人的品质。因此，在中国文化中牛是勤劳、坚韧、任劳任怨的象征，汉语中有"牛劲""牛脾气""牛角尖""牛头不对马嘴"等词语。例如：

as patient as an ox

像牛一样具有耐力

正因如此，在西方国家牛没有得到与在中国一样所得到的重视。相反，牛在中国所得到的厚爱在英国却主要落到了马的身上。这是因为在英国历史上人们打仗、运输和体育运动都离不开马，马也以其力量和速度受到西方国家人们的喜爱。因此，在表达同一意思时，汉语中的"牛"往往和英语中的 horse 相对应。例如：

talk horse 吹牛

as strong as a horse 力大如牛

（二）动物词文化的翻译及实例

1. 直译——保留形象

如果英汉动物词汇的表达形式和文化内涵都是相同的，也就是说，当英语和汉语用动物词汇表示事物性质或者人物品质并且在意义形象、风格上是相同的或者具有相似之处时，就可以"对号入座"，保留原文的动物形象进行直译。例如：

as faithful as a dog

像狗一样忠诚

barking dogs do not bite

吠犬不咬人

to stir up the grass and alert the snake

打草惊蛇

to drain to catch all the fish

竭泽而渔

the great fish eat small fish

大鱼吃小鱼

2. 意译——舍弃形象

当无法保留动物形象进行直译，并且无法改变动物形象进行套译时，我们可以舍弃原文中的动物形象进行意译。例如：

top dog

最重要的人物

Dog does not eat dog.

同类不相残。

My father will have a cow when I tell him.

我爸爸听说后一定会发怒的。

3. 套译——改换形象

在翻译动物词语时，将其在源语中的象征意义传达到目标语中或者用目标语中具有相同象征意义的词来替代，这就是套译。例如：

as happy as a cow

快乐得像只鸟

Better be the head of a dog than the tail of a lion.

宁做鸡头，不做凤尾。

Don't believe him, he often talks horse.

不要信他，他常吹牛。

二、植物词文化比较与翻译

（一）植物词文化比较

1. 英语有文化含义而汉语无文化含义的植物词

由于自然地理环境、植被不同，植物分布受气候影响很大，适应性比动物差，许多植物为英汉民族所互相不熟悉，反映在语言文化层面，植物词的文化含义就没有动物词的文化含义活跃。英语有文化含义而汉语空缺的植物词。例如：

（1）potato（马铃薯）

甘薯；袜子上的破洞。

其他短语：meat and potatoes 根本的，基本的，主要的；hot potato 棘手的问题或难以处理的局面（美国人喜欢将土豆烤着吃，刚刚烤出的土豆 hot potato 热气腾腾，拿起来烫手，使人很想立即扔掉，于是产生源于日常生活的这一妙语。）；potato box 表示像土豆一样的嘴；potato head 比喻笨头笨脑的人。

（3）apple（苹果）

苹果属植物的果实；苹果状果实；苹果状产物；大苹果城（the Big Apple 大苹果城，指纽约。）；棒球，球；家伙，人；炸弹，手榴弹；红皮白心的人；民用电台非法使用者。

其他短语：the apple of somebody's eye 心肝宝贝，掌上明珠；apple of discord 争端起因，祸根（源出古希腊神话。）；apple polisher 马屁精；apple head 比喻笨头笨脑的人。

2. 汉语有文化含义而英语无文化含义的植物词

有些植物为中国所独有，有些虽然英汉民族都有，但英语只有概念意义而无文化含义，例如：

（1）菊（Chrysanthemum）

坚贞不屈（菊花又称黄花，一因其秋末冬初绽放，又凌霜耐寒。）；坚毅；清雅，淡泊（菊花清香怡人）；长寿（民间称菊花为长寿花，重阳节赏菊饮酒的习俗，就是取其延年益寿之意。）

自古以来，菊颇受文人高士的偏爱，晋代诗人陶渊明不仅平生爱菊，且写下了"采菊东篱下，悠然见南山"的千古名句。菊花又被誉为"四君子花"（梅、兰、竹、菊）之一，故中国文化中菊花又有"君子""佳友"的文化含义。

（2）松（pine）

志行高洁的君子（松树在贫瘠的地理环境中也能生存。）；坚毅、顽强、刚直不阿的英雄品格和高尚情操（松树四季常青，迎风霜、傲严寒，是"岁寒三友"（松、竹、梅之一。）；长寿（寿比南山不老松。松与同样象征长寿的鹤连用，表高寿，取其"松鹤延年"之意。）

3. 英汉两种语言中具有相同、相近的文化内涵的植物词

英汉民族对许多植物的形象、特性、生长规律认识基本相同，联想基本相同，于是产生相同或相近的象征义、想象义和比喻义。例如：Bean（豆），英汉语有相同之处，即以种属代类属。英语意义范围比汉语的大得多，意义类型也多得多，既有具体的又有抽象的。值得注意的是前者可指钱物，后者可用

作姓。

（二）植物词文化翻译及实例

1. 意译——舍弃形象

在翻译植物词汇时，我们可以舍弃源语中的植物形象进行意译，即抛弃原文的表达形式而只译出原文的联想意义。例如：

If you lie upon roses when young, you lie upon thorns when you old.

少壮不努力，老大徒伤悲。

2. 直译加注释

在翻译植物词汇时，有时候为了保留原文的异域风味，丰富民族语言，同时便于译入语的读者理解，我们会使用直译加注释法进行翻译，即在翻译原文的植物词汇时保留原文的植物形象，同时阐释其文化意义。例如：

The proof of the pudding is in the eating.

欲知布丁味道如何，只有吃上一吃（空谈不如实践）。

3. 转换形象翻译

植物词汇一般具有两层含义，一层是字面意义，另一层是由其引申而来的文化联想含义。字面意义相同的植物词汇，其联想含义可能不一致，而字面意义不同的植物词汇，其文化联想含义可能一致。而一种语言一旦被翻译为另一种语言，译入语的读者就会按照自己民族的文化传统来解读植物词汇所具有的文化内涵。因此，当一种植物在英汉语中所具有的文化内涵不一样的时候，译者在翻译植物词汇时就不得不考虑两种语言的文化差异、译入语的文化传统以及译入语读者的习惯，并据此调整植物词汇在译入语中的表达方式。例如：

potatoes and roses 粗茶淡饭

4. 引申阐发译

对于一些特殊的表达，在翻译过程中，为了更加准确地表达原文含义，译者可以根据上下文以及逻辑关系，对原文中植物词的内涵进行引申。此外，有时还需要进行阐述解释，以保证译文的流畅自然。例如：

Tom will come to the party, the chance of a free drink is like a carrot to a donkey to him.

汤姆一定会来参加宴会的，白喝酒的机会对他来说是很有诱惑力的。

第二节 色彩词的文化比较与差异

一、色彩词文化比较

（一）色彩词的构成对比

1. 英语色彩词的构成

英语中的色彩词主要包括两大类：简单色彩词与合成色彩词。

英语中常见的简单色彩词主要包括如下几种。

（1）基本色彩词，如 white，black，red，yellow，blue，green，purple，pink，gray，orange 等。

（2）源于动物、植物的色彩词，如 peacock（孔雀）可以用来表示孔雀蓝，深蓝；dove（鸽子）可以用来表示鸽灰，浅灰。

（3）源于植物的色彩词，如 lemon（柠檬）可以用来指柠檬色、浅黄色；olive（橄榄），可以用来表示橄榄色、黄绿色。

（4）源于矿物的色彩词，如 lead（铅）可以用来表示铅灰、青灰色；copper（铜）可以用来表示铜色，深橙色。

（5）源于珠宝的色彩词，如 ruby（红宝石）可以用来表示宝石红色，深红色；emerald（绿宝石）可以用来表示翡翠绿、鲜绿。

（6）源于食物的色彩词，如 chocolate（巧克力）可以用来表示巧克力色，棕色；butter（黄油）可以用来表示淡黄色。

（7）源于自然现象的色彩词，如 sunset（日落）可以用来表示晚霞色、红色；flame（火焰）可以用来表示火红、鲜红。

英语中还有很多色彩词是合成构成的。合成色彩词的构成方式主要有以下情况。

（1）由动植物名、地名、人名等加上基本色彩词构成的色彩词。例如：

olive gray 橄榄灰

（2）由形容词加上基本色彩词、化学物质名、植物色彩词等构成的色彩词。例如：

deep cobalt 深蓝色

light chestnut 浅栗色

（3）由基本色彩词加上基本色彩词、形容词、名词等构成的色彩词。例如：

orange pale 淡白橙色

red wood 红棕色

2. 汉语色彩词的构成

在汉语中，色彩词主要包括独立构成的色彩词与由词根色彩词加上修饰成分而构成的复合色彩词两类。①

（1）独立构成的色彩词。这类色彩词的前面可以添加定语，从而变为另一色彩词，这种色彩词被称为词根色彩词。基本色彩词是词根色彩词的一个组成部分。

（2）由词根色彩词加上修饰成分而构成的复合色彩词。在汉语中，很多色彩词以基本色彩词为词根，构成以其为核心的多种色彩词。

（二）色彩词的文化内涵对比

英汉两种语言中都拥有丰富的色彩词，这里主要对英汉一些常见色彩词的文化内涵进行对比。

1. 白色

（1）英语中的 white

在英语文化中，白色象征着纯洁、真实、善意。例如，在西方，新娘在婚礼上穿白色礼服，象征爱情的纯洁与婚姻的贞洁。英语中的 white 的引申义通常表示清白、正直等。

英语中的 white 还象征着快乐、欢悦和吉利。例如，a white day（古日），a white Christmas（欢快的圣诞节）：其中，圣诞节是西方国家最重要的节日，西方人喜欢滑雪、滑冰等户外运动，而圣诞节正是冬季滑雪的最好时候，因此西方人将圣诞节称为 white Christmas。

此外，在英语中，white 还象征着幸运、善意。例如：

a white day 吉日

需要指出的一点是，随着跨文化交际日益频繁，英汉两种文化也在不断地相互渗透，在汉语中，白色的象征意义也发生了些许改变，也可以被理解为纯洁与忠贞，因此现在中国人在举行婚礼时，新娘也会穿白色婚纱。

（2）汉语中的白色

在中国文化中，白色这一颜色的文化含义相差较大，甚至互为矛盾。在中

---

① 杨贤玉. 英汉翻译概论［M］. 武汉：中国地质大学出版社，2010：164.

国传统文化中，白色常常与死亡、丧事联系在一起。汉语中的常用表达"红白喜事"中的"白"指的就是丧事，在普通百姓家中，有人去世时，其后人会穿白衣为其送终，表示哀悼。白色在中国文化中还代表圣洁、坦诚、清楚、白昼，如真相大白、清白、白天等。

同时，在汉语中，白色也有负面的含义。白色可以用来表示反动、奸诈、凶残等含义。汉语中诸如一穷二白、白色政权、白色恐怖、白区等都指的是这层意思。在中国传统戏剧的舞台上，白脸人物则代表了奸诈的形象。

汉语中的白色还可以表示愚蠢、失败、无利可得。例如，"白痴"指智力低下的人，"举白旗"表示投降，"白忙""白费力""白干"指出力而得不到好处或没有效果。

汉语中的白色不仅具有褒义和贬义含义，还有中性意义，表示"明白、清楚"。例如，"不白之冤"是指难以洗雪、无法破解的冤情；"大白于天下"意为找到事实真相，并公之于众。

2. 黑色

（1）英语中的 black

在西方文化中，黑色（black）象征庄重、严肃。英国人在参加葬礼时习惯穿黑色服装。西方人，尤其是商界巨贾、达官显贵、社会名流等上流社会阶级的人士喜欢穿着黑色的服饰以彰显其尊贵、庄重。例如，英语中就有 black suit（黑色西装），black dress（黑色礼服）等词语。

英语中的 black 一词的引申意义也多含贬义。例如：

Black Hand 黑手党

此外，在英语中，black 还可以表示气愤、愤怒。例如：

be black with anger 怒气冲冲

（2）汉语中的黑色

在传统的中国文化中，黑色是象征尊贵与庄重的颜色，春秋时期官员上朝均穿黑色的朝服。由于战国时期军士穿的衣服也为黑色，因此常用"黑衣"来指代军士。

但是，由于黑色并不是一种艳丽的色彩，且经常与黑暗联系在一起，因此在日常生活中，黑夜常常使人感觉恐怖、无助。

在中国现代社会中，黑色多含有贬义，汉语中以黑为主题所构成的词汇中，多为贬义词，如黑心、黑店、黑市、黑名单、黑社会、黑帮、黑势力等。

3. 蓝色

（1）英语中的 blue

在英国，蓝色表示高雅和忠诚，如 the blue blood（贵族出身）；True blue

will never stain.（忠实可靠的人决不会做坏事）。在艺术中，天使的蓝衣服表示忠诚和信任，圣母的蓝衣服表示端庄。在葬礼中，蓝色对神来说象征着永恒，对死者则象征着不朽。淡蓝色也用于表示和平。蓝色在英国还被认为是当选者和领导者的标志，象征着对美好事业或前景的追求，为许多人所喜爱，因此，英国历史上的辉格党，现在的保守党，剑桥和牛津大学的运动队和啦啦队，都以深蓝或浅蓝色为标志。在美国南北战争时期，蓝色也是联邦主义者的标志。在英语成语中，蓝色却是忧伤的象征，如 be（fall）in the blues 无精打采，cry the blues 情绪低落，feel blue 闷闷不乐，sing the blues 垂头丧气，look blue 神色沮丧，out of the blue 出乎意外，turn blue with fear 吓得脸发青，be blue in the face 弄得脸上突然变色。

蓝色还常用来表示社会地位高、有权势或出身于贵族或王族。He's a real blue blood.（他是真正的贵族。）在美国英语中 blue book（蓝皮书）是刊载知名人士，尤其是政府高级官员的名字的书。blue-eyed boys 指"受到管理当局宠爱和特别照顾的职工"。在经济方面，词汇 blue 表示许多不同意思。如 blue book（蓝皮书），blue-sky market（露天市场），blue-collar workers（从事体力劳动的工人），blue chip（热门证券），blue button 喻指有权进入股票交易的经纪人；blue return 指"蓝色所得税申报表"，专供诚实的纳税人申报用；blue-chip rate 指英国的优惠的信贷利率；blue laws（蓝法）指禁止在星期日从事商业交易的美国法律；blue-sky law（蓝天法）指美国各州为管理股票所制定的股票发行控制法；blue sky bargaining（漫天讨价）指谈判或其他交易中提出根本不切实际的或不合理的要求，使协议无法达成。

（2）汉语中的蓝色

汉语中的"蓝"原指可制蓝色染料的草本植物蓼蓝。古汉语作品中的"青""碧"和"苍"都包含着蓝色的意思，所以有"青出于蓝"之说。古代低级官员（唐代八品、明代五至七品）和儒生都穿蓝衣。明代流行品蓝和宝蓝色。清代的官服一律为石青或蓝色，清三品官员戴明蓝顶，六品以下受赐可戴蓝翎。从蓝色服饰的穿着范围，我们可以清楚地知道蓝色在古代人们心中的地位。汉语中的"蓝本"指主要原始资料或著作所根据的底本。"蓝图"既可指用感光后变成蓝色的感光纸制成的图纸，又可指建设计划。

4. 红色

（1）英语中的 red

英语中的 red 与汉语中的红色有着局部相似的文化内涵，即都表示荣誉、尊贵和喜庆。例如：

red-letter days 纪念日，喜庆的日子

在英国人看来，红色还象征着为信仰与博爱献身，在一些圣餐仪式上，人们通常会穿红色衣服，以示圣爱；在教堂装饰中，圣神降临节或怀念殉教先烈时也多使用红色。

在英语中，红色还可以表示激进、暴力革命的意思。例如：

red revolution 赤色革命

red hot political campaign 激烈的政治运动

由于人们习惯用红笔来登记负数，因此英语中的红色也可以指"负债""亏损"。例如：

in the red 亏损

需要指出的是，英语中也常用红色来指代共产党国家，如用 Red China 指中国。在非正式语用中，red 则是革命和共产党的意思，这时 red 则带有敌视与侮辱色彩。

（2）汉语中的红色

在中国传统文化中，红色是一种象征喜庆、吉祥、富贵的颜色。中国人在结婚时喜欢用红色作为主色调，大红的双喜是婚庆所使用的一个标志性词语与色彩。在欢度喜庆佳节时，中国人也习惯用红色为基调的装饰物，如红灯笼、红窗花、红对联等。

因此，在汉语中，以红字为主构成的词语多是褒义，如"走红运"表示走好运；"开门红"表示工作一开始就取得了不错的成绩；"大红人"指的是备受器重之人；"分红"指分到合伙经营利润，"发红包"指给人发奖金。

此外，红色和血与火的色彩相联系，因此在中国，红色还是革命的象征。在汉语文学作品中，"红"常常用来指年轻的女性，如"红颜"指少女，"红装"指女子盛装。

二、色彩词翻译及实例

（一）色彩词翻译之得"意"

得"意"是翻译的第一步，亦是至关重要的一步。得"意"首先是理解文本意思。不仅要理解文本词汇所表达的字面意义，也要深入理解原文的深层意义。其次是表达，用自然贴切的语义对等再现原文内容，并在此基础上尽量做到形式上的对应，即"不忘形"。[①]

一般情况下，理解文本意义对译者不构成巨大挑战。译者大可以根据字面

---

① 徐媛媛. 翻译教学与翻译人才培养创新研究［M］. 延吉：延边大学出版社，2018：91.

意义，直译色彩词。当然也不排除一些具有文化负载的色彩词的存在。在译这类色彩词之前，译者应联系语篇环境和文本语言所在的文化，尽可能呈现背景知识，推敲隐含意义，最终达到得"意"的效果。

（二）色彩词翻译之达"意"

要说得"意"是基础的话，那么，达"意"就是目的。就英汉色彩词的翻译而言，一般而言可采用如下四种翻译方法。

1. 直译法

移植原作的形式，再现原作的内容。直译法就是竭力再现原文的内容和风格，同时保存原作的形式，如词性、语序、句型等。一般来说，直译法有助于保持原作的风格，促进文化之间的交流。例如：

red rose 红玫瑰

green food 绿色食品

blue print 蓝图

He is a tall, burly fellow with long hair and more white than black to his eyes.

他是一个高大身材，长头发，眼球白多黑少的人。

2. 直译加注

当译文形式和原文形式对等却不能产生与原文相同的隐喻义时，可采用丰富译法。补出原文字面无而内涵有的隐喻义，以适应译入语读者的信息接收。例如：

White Book 白皮书——国政府或议会正式发表的重要文件或报告

Black Book 黑皮书——批评现行政府政策、法律、做法的权威性文件

green consumerism 绿色消费观——指保护环境的消费观念

3. 改换色彩词

不同的民族，由于历史文化、生活地域、风俗习惯、宗教信仰等的不同，使得对同一事物的认识上也存在着差异。有些事物在一种语言文化里具有丰富的内涵和外延，且能引起美好的联想，而在另一种语言文化里却平淡无奇，毫无文化意义。翻译这种文化的个性和差异时需要进行变通处理，即把源语中带有文化色彩的词语（物象）转换成译语中带有同等文化色彩的词语（物象）。例如：

black tea 红茶（而不译为黑茶）

black and blue 青一块紫一块（而不是青一块黑一块）

4. 意译（因原文色彩词有象征意义或引申等）

（1）原文中无色彩词，译文中增加色彩词

Her eyes became moist.

她眼圈红了。

（2）省略色彩词，保留其隐喻意义

white meat 鸡肉，鱼肉

The red cock will crow in his house.

他家的房子将要着火了。

第三节　自然现象的文化比较与翻译

一、"山水"文化比较与翻译

（一）"山水"文化比较

"中国山水文化"，就是由山水而引发的文化沉积，也可以说是以山水为表现对象的文化。在中国历史中，许多文人墨客寄情山水，创作了无数的诗篇。尤其是在唐代，山水诗的创作达到了一个高峰，诗人总是将人生的悲哀与忧愁寄寓于流水之中。例如，张若虚的《春江花月夜》："不知江月待何人，但见长江送流水"；李煜的《虞美人》："问君能有几多愁，恰似一江春水向东流。"①

此外，流水在唐诗中还常象征着时光逝去，如"君不见黄河之水天上来，奔流到海不复回""无边落木萧萧下，不尽长江滚滚来"等表达的都是这种意境。在唐诗中，"山"的寓意并没有流水那样丰富，山多用来比喻至死不渝的忠贞爱情。例如，"枕前发尽千般愿，要休且待青山烂。水面上秤锤浮，直待黄河彻底枯"（唐无名氏《菩萨蛮》）就以青山石烂来比喻至死不渝的爱情。

可以看出，在汉语文化中，流水和青山蕴含丰富的文化意象，寄托了人们复杂丰富的情感，能引起人们无限的联想。

而在英语文化中，"山水"只是客观存在的自然现象，并没有像汉语中有如此丰富的文化内涵。

---

① 钟书能. 英汉翻译技巧（第2版）[M]. 北京：对外经济贸易大学出版社，2017：134.

（二）"山水"文化翻译及实例

由于汉语"山水"有着丰富的文化意象，因此其翻译也就有了一定的困难。有人认为："像这样的文学意象具有高度可译性，如果把它们直接译成另一种语言中相对应的物象，它的寓意也基本上能得到转达。"这也就是说"流水"和"山"可直译为 water，river，stream 和 mountain，直译后"流水"和"山"的文化内涵会基本得以保留。例如：

望庐山瀑布

李白

日照香炉生紫烟，遥望瀑布挂前川。

飞流直下三千尺，疑是银河落九天。

译文一：

CATARACT ON MOUNT LU

Li Bai

The sunlit Censer perk exhales a wreath of cloud;

Like an upended stream the cataract sounds loud.

Its torrent dashes down three thousand feet from high;

As if the Silver River fell from azure sky.

（许渊冲译）

译文二：

Viewing the Waterfall at Mount Lu

Li Bai

Sunlight streaming on Incense Stone kindles a violet smoke:

Far off l watch the waterfall plunge to the long river,

Flying waters descending straight three thousand feet,

Till I think the Milky Way has tumbled from the ninth height of Heaven.

（Burton Watson 译）

二、东西风文化比较与翻译

（一）东西风文化比较

1. 英汉东风文化的对比

（1）英语中的 east wind

从地理位置来看，英国是个岛国，东临欧洲大陆，西临大西洋。每到冬季，来自北欧的"东风"与"东风北"为英国带来的是刺骨的寒冷。

（2）汉语中的"东风"

一般来说，汉语中的"东风"具有以下几个方面的文化内涵。

①温暖、生机。中国西靠高山，东临太平洋，属于大陆性气候，从东面大海吹来的东风暖意洋洋，给大地带来一片生机。

②春天。严冬过后，东风的到来意味着万物复苏、春回大地，因此汉语中有"东风报春"的说法。

③革命力量。在革命战争年代，东风常用来喻指"革命的力量或气势"。毛泽东留下"东风压倒西风"的著名论断，暗示革命力量必然压倒反动势力。

需要特别说明的是，中国人对东风具有丰富的情感，因此东风常常出现在诗句中。

2. 英汉西风文化的对比

（1）英语中的 west wind

英国人大都不喜欢 east wind，但是对 west wind 却十分偏爱。春夏两季，来自大西洋的西风不仅给万物带来生机，还为欧洲大陆带来充沛的雨水，使欧洲进入温暖湿润、令人惬意的舒适季节。很多英语诗歌都表达了对西风的赞美之情。

（2）汉语中的"西风"

中国西部地区多为高原、高山地貌，秋冬季节的西北风吹来时寒意渐浓，草枯叶败，万物凋零，不禁让人瑟瑟发抖，徒增伤感。因此，汉语中的"西风"多表达负面含义。

此外，汉语中的"西风"除表达"感伤""肃杀"之意外，还是日趋没落的腐朽势力的象征。

（二）东西风文化的翻译及实例

1. 东风文化的翻译

（1）直译法

直译法有利于将原文的含义简洁、直观地呈现在译入语读者面前。例如：

春思

唐·贾至

草色青青柳色黄，

桃花历乱李花香。

东风不为吹愁去，

春日偏能惹恨长。

The yellow willow waves above; the grass is green below,

The peach and pear blossoms in massed fragrance grow,

The east wind does not bear away the sorrow at my heart,

Spring's growing days but lengthen out my still increasing woe.

本例在翻译原文中的"东风"时采取了直译法，将其译为 east wind。随着英汉文化的不断交融、不断深入，很多英语读者都了解汉语"东风"的含义，因此直译法不仅不会带来理解上的偏差，还能够更好地将原文的风格体现出来。

（2）意译法

在很多情况下，受上下文语境或作者写作意图的影响，原文中的"东风"常用来表达特殊的含义。此时，译者可采取意译法，以便将其深刻内涵传译给译入语读者。例如：

草木也知愁，韶华竟白头！叹今生谁舍谁收？嫁与东风春不管，凭尔去，忍淹留。

（曹雪芹《红楼梦》第七十回）

The willow too knows what it is to yearn,

In early prime her head turns white,

She laments her life but has no one to whom to turn.

The spring breeze to whom she is wedded no pity will show, leaving it to chance whether to stay to go.

本例将"东风"意译为 the spring breeze，真实地再现了原文的文化内涵。

2. 西风文化的翻译

（1）直译法

直译法的使用有利于原文含义的直接呈现，有利于译入语读者对原文信息的快速接受与理解。例如：

It's warm wind, the west wind, full of birds' cries,

I never hear the west wind but tears are in my eyes,

For it comes from the west lands, the old brown hill,

And April's in the west wind, and daffodils.

那是一种温暖的风，西风吹时，万鸟争鸣，

一听西风起，我眼眶中泪盈盈，

因为它是来自西土，那褐色的故乡边，

春天就在西风中到来，还有水仙。

本例的翻译采取了直译法，将诗人对故乡的思念淋漓尽致地传译给了译入语读者。

（2）意译法

翻译过程中使用意译法，一方面可以传译原文的深层内涵，另一方面可带领译入语读者领略原文的意境。例如：

Thine azure sister of the spring shall blow

Her clarion o'er the dreaming earth

但一朝，你那东风妹妹回来，为沉睡的大地吹响银号。

第七章 跨文化交际中不同文体英语的翻译理论与实例

在跨文化交际中，不同文体的英语表达方式不同，因此其翻译的标准并不单一，而是具有多重标准，因此要针对不同文体来灵活运用翻译标准。本章对跨文化交际中的商务英语翻译、旅游英语翻译与新闻英语翻译进行研究。

第一节 基于跨文化交际理念的商务英语翻译

一、商务英语翻译的重要性

国际商务的重要性在于它能给厂家、公司提供更大的市场，给消费者提供更多选择商品的机会，给人们提供更多的就业机会，给国家带来更多的资本、更新的观念、更好的服务，从而提高人们的生活质量，促进国际交往和社会进步。

商务英语翻译的重要性在于翻译在国际商务活动中起着重要的桥梁作用，是促进国际商务活动顺利进行的不可或缺的部分。[①]

虽然现代国际商务活动中，从业人员的英语水平普遍较高，进行一般的国际商务交往都能直接用英语交流，但商务英语翻译仍然必不可少。一方面，国际商务涉及不同的领域和专业，有些商务人员虽有一定的英语基础，但理解某一专业的资料还是有困难，仍需有关专业人士将这些资料翻译出来；另一方面，翻译讲究技巧，需要实践经验，而许多国际商务从业人员需要完成自身的

---

① 刘一帆. 跨文化视角下商务英语翻译障碍及对策研究 [J]. 淮南职业技术学院学报, 2018, 18 (06).

业务工作，没有足够的时间和精力进行翻译，也缺乏长期专门从事翻译的实践经验。翻译同时也是一门艺术，没有良好的中英文语言功底，不熟知中英文化差异的人难以胜任翻译工作。譬如，商务广告和商号的翻译，既要讲究语言文字的艺术表现力和感染力，又必须在目的语文化中具有较高的可接受性，其质量好坏直接影响到商品的销售和公司企业的利益。在全球经济一体化、国际交往日益频繁的情况下，商务英语翻译起着非常重要的交流和疏通作用，是促进国际贸易顺利开展的中坚力量。商务英语翻译活动在给人们带来物质利益的同时，也增进了贸易双方对彼此语言文化的了解和相互信任，为国际贸易做出了巨大的贡献。

二、基于跨文化交际理念的商务英语信函翻译

（一）商务英语信函的翻译原则

商务英语信函是通过商务英语的表述来达到特定的商务目的，因此其翻译同样符合语用学所遵循的原则——会话合作原则，它是译文能否实现成功交际的准则。① 今天，合作原则已经被广泛应用与商务英语的翻译工作，在商务英语信函的翻译中，译者可以通过合作原则对译文加以规范，最终实现贸易双方的有效交流。

1. 数量准则

数量准则指的是会话者所提供的信息含量，它要求译文应当包含原文想表述的实际信息量，但不能有多余的信息，做到翻译内容的恰如其分。在数量准则下，商务英语信函的翻译必须保证原文信息的完整传递，以便让对方明白信函想要表达的真实意图，信息传递中的缺失和增加了多余的不该有的信息，都会导致信函接受方的迷惑和误解。

2. 质量准则

质量准则指的是要实话实说，并且所说的话都要有依据，能够有足够的证据和理由说明己方说话内容的真实性。在质量准则下要求商务英语信函的翻译人员，必须在保证原文信息真实的前提下，用准确、恰当的词汇来表述原文的主旨，这样才能够使读者信服。同时商务英语信函具有专业性和行业特征明显的特点，其行文往往用到一些约定成俗的行业套语，这都要求译者在译文中必须如实表达，使译文更加准确和忠实。

---

① 安雨琪. 跨文化视角下商务英语翻译研究 [J]. 英语广场，2019（02）.

3. 关系准则

关系准则指的是话语间传递的信息之间应该存在一定的联系，在商务英语信函的翻译中，要求译文通顺，上下文之间联系紧密，所表达的内容应该与信函的主题相关，冗余的内容不必赘述。由于商务英语中的很多词汇在不同的语境下有不同的含义，当译文上下文不通顺时，既违背了关系准则，很可能就是词汇被错译的缘故。关系准则有助于译者在翻译信函的过程中发现问题。

4. 方式准则

该准则要求话语必须清楚明了，语言简明，同时条理清晰不产生错误理解。遵照这一准则，翻译商务英语信函是就应尽量避免使用陈腐、晦涩的语言，不使用容易让读者产生歧义的词汇，译文结构清晰、逻辑清楚。例如商务英语信函中经常出现长句，用汉语直译很难让中文读者看懂，因此恰当的拆分长句，能够保证译文的层次清楚、概念明确。

（二）商务英语信函的翻译技巧

1. 规范、准确的翻译专业词汇

在商务英语信函的具体翻译过程中，译者一定要牢牢把握好专业词汇的翻译，恰当地选择规范词汇，使译文能够符合对外贸易的专业要求。正确的翻译专业术语能够保证商务英语信函实际信息的准确传递，避免产生歧义，影响贸易的顺利进行。[①] 国际贸易中的许多商务英语专业词汇的词义，与其在普通英语中的词义差别巨大，当译者对这些具有多种含义的词汇不能准确把握时，可以通过查阅专业词典、检索专业数据库或向专业人员咨询等方式，并结合信函中的具体语境，认真分析并找到与文中信息相匹配的准确译文，从而保证译文的规范和准确。例如：advice 在一般英语中通常代表"建议"的意思，但在货物装运信函的翻译中，shipping advice 就不能直译为"运输建议"，而是应该使用"已装船通知"这一专业术语。同样普通英语中的 Document（文本）、draw（取出）在金融专业术语中分别是"单据"和"开立汇票"的意思，译者都必须准确的译出这些词汇。

2. 结合具体语境，正确翻译缩略词

商务英语信函的语境就是在商务交流过程中，贸易双方都明白的认知环境，译者在信函的翻译过程中，如果不考虑现实情境，不依照信函的前后搭配和上下文结合考虑，而是单纯按照惯性思维进行翻译，极易发生错译的现象。商务信函中为了使交际更加便利，符合"语言经济"的原则，缩略语的出现

---

① 张志华. 跨文化视角下商务英语翻译研究［J］. 兰州教育学院学报，2014, 30 (08).

频率很高，然而很多缩略词在不同的语境下有不同的专业含义，必须引起译者的足够重视。例如：首字母缩略词 CSR，其在不同的领域就有众多不同含义：它既是中国南车的英文缩写，还是企业社会责任（Corporate – Social – Responsibility）；控制与状态寄存器（Control and Status Register）；现金盈余比（cash surplus ratio）；客户服务代表（Customer Service Representation）等等有特定专业含义词汇的缩写，这样的例子还有很多，因此译者必须结合商务信函中的具体语境，找出该词汇代表的准确含义，是信函信息被正确的传递。

3. 遵循礼貌原则

国际贸易是一种跨文化交际，是不同国家企业在平等、尊重的基础上进行商务交流的活动，而商务英语信函作为一种正式、规范的文体，因此其翻译必须遵循礼貌原则。中英文国家在语言上有各自不同的社交规范、表达方式和礼貌标准，商务英语信函在措辞上一般都比较得体，对对方赞美的同时保持谦逊的态度，并顾及对方的感受。因此译者在具体翻译中必须最大化地将英语信函中的这些礼貌信息在译文中得到体现，从而让读者感受到对方的真诚与尊重，礼貌的行为方式能够促进贸易双方的礼让，在贸易中实现相对和谐的氛围。译者在忠实原文保证商务信息传递功能对等的基础上，一定要使用得体的译语，将原文中的礼貌信息等值地表达出来。

三、基于跨文化交际理念的商务英语说明书翻译

（一）商品说明书概述

1. 商品说明书有不同的称谓，亦被称为产品说明书、产品说明、说明书等。英文的称谓有 instruction，manual，specification，direction 等。

2. 商品说明书是关于商品的构造、性能、规格、用途、使用方法、质量保证、维修保养、销售范围、免责声明等方面的文字及图示说明。

3. 商品说明书的特点是：内容的科学性；说明的条理性；样式的多样化；语言的通俗性；图文的广告性。

（二）商品说明书的语言特征

1. 语言客观，用词精确，注意名词、动词、形容词以及复合词等实词的使用；

2. 句子结构简单。常使用被动语态、祈使句，有较强的科学性和逻辑性。

（三）商品说明书翻译的策略

商品说明书与商品本身密切相关，翻译准确并符合目标市场心理及文化的商品说明书不仅可帮助消费者准确掌握商品使用方法，还可增强消费者对商品的兴趣及满意度，提升企业形象；相反，翻译破绽百出、未考虑预期功能的商品说明书只会使消费者对该商品产生负面印象，损害企业形象。商品说明书的翻译对于商品的重要性不言而喻。[①]

我们认为，说明书的翻译需在目的论的指导下，译者充分分析原文语言特点，把握目标消费群体的心理和文化需求，采取灵活的翻译策略，充分体现商品说明书的预期功能。

德国功能学派学者费米尔和诺德等提出目的论的翻译理论。像广告翻译一样，目的论也适用于商品说明书的翻译。商品说明书翻译需遵循目的论的三大原则，即目的性法则、连贯性法则和忠实性法则。其中最主要的便是目的性法则，即任何翻译行为与在翻译过程中应采用的翻译策略都是由翻译的目的来决定的，目的决定方式 "The end justifies the means"。目的论注重的不是译文与原文是否对等，而是强调以译文预期功能为目的，选择最佳翻译方法。译者必须能够针对特定的翻译目的采用特定的翻译方法或策略。连贯性法则指译文必须能为接受者所理解，在译语文化和译文使用环境中必须有意义。忠实性法则指译文应忠于原文，但忠实程度应由翻译目的和译者对原文的理解决定。在三大法则之间，忠实法则从属于连贯法则；同时，这两大法则又最终取决目的性法则。

一般说来，说明书的主要目的有两个方面：方面向消费者介绍产品的成分、性能、特点和使用方法等；另一方面，在介绍中还兼有广告的成分，用以引发读者的兴趣并购买商品。因此，说明书也像其他实用文体一样，在准确、充分传达商品信息的同时，要求语言简洁明了、层次分明，体现一种简洁明快之美。但同时它还要求通过语言文字本身的艺术性予人以美的感受，继而激发人们购买产品的欲望。翻译时，可以从理解和表达入手，紧抓住目的论的三大原则，分析词汇和句子结构，最大限度地再现原说明书的目的。

1. 准确理解原文

准确理解原文是进行翻译活动的基础，翻译说明书也是如此。说明书的范围很广，涉及方方面面。原文中的术语，原文中很难理解的结构，甚至原文中体现的文化信息等诸多方面，我们都必须完全并彻底地搞清楚。否则，对说明

---

① 陈定. 跨文化交际视角下的商务英语翻译研究 [J]. 智库时代, 2019 (37).

书的翻译就无法进行。

2. 表达问题

对原文的准确理解是翻译说明书的基础，但是更为关键的却是译文的表达。我们在翻译中要本着目的论的三原则，即目的性原则、连贯性原则和忠实性原则将商品说明书译为对等的目的语，特别要注意术语和句子的翻译。

（1）术语的翻译

①直译

术语的准确翻译是产品说明书翻译中的难点，它要求译者有广博的知识。一般而言，商品说明书中术语的翻译可采取直译的方法，尽量保留原文技术性特点，即将中、英文术语照字面意思直接翻译成相对应、对等的英文或中文术语。当中文术语和英文对应术语的相关信息（所指、内涵、用法）都基本吻合时，直译法一般具有简单明了的效果。

②意译

由于汉英语言习惯和文化的差异以及科学技术的发展，有些中文术语可能在英文中找不到直接对应的成分，即存在语义空缺现象，那么在进行英译时则应该灵活变通，采取意译、音译及活译等多种方法进行翻译，反之亦然。

③音译

音译就是根据汉英专业术语的发音采用发音相同或大致相同的目的语词语来表达。音译是一种带有一定美学因素的翻译。采用音译的科技术语主要有计量单位、新型材料和产品的名称。

④形译

为了形象化，一些说明书中常采用英文字母或英语单词来描述某种与技术有关的形象。翻译时可将该英文字母照抄、改译为字形或概念内涵相近的汉字，这种用字母或汉字来表达形状的翻译方法称为形译法。如：O-ring：O 形环/环形圈；S-turning：S 形弯道。

（2）句子的翻译

坚持连贯原则，采用归化手法，力争译文语气风格与原文一致。

说明书的主要功能在于将主要信息准确地传递给目标语读者，有时还兼有广告的作用，因此，说明书的翻译一般采取归化的方法，即充分考虑目标语读者的需求，用通俗易懂的语言表达出来。完整、明确地传达商品信息，同时语言简练精美，体现以消费者为中心，这样的商品说明书译文才是成功之作。

①中文简单句、无主句和并列句的英译

一般来说，中文强调意合，结构较松散，简单句较多；英语强调形合，结构较严谨，长句较多，这一特点一般在说明书中的"功能"说明部分尤为突出。这是因为在科技英语中，为了论理准确（即所下的定义、定律、定理要精确，所描绘的概念、叙述的生产工艺过程要清楚），往往会加入一定修饰性、限制性的语句，有的句子甚至构成整整一个段落，正是由于这些长句、复合句的使用，使得英文说明书更显得条理清晰，逻辑性强。对于中文说明书里的简单句、无主句和并列句在英译时多采用归化法将其转化为英文的长句或复合句，主要表现为定语从句、动词 ing 结构以及并列结构等。

②调整语序，理清条理

按照连贯性原则，要求译文必须符合语内连贯的标准，必须让接受者理解并在目的语文化以及使用译文的交际过程中具有意义。由于中文强调意合，有的商品说明书如果严格按照中文的说明顺序译为英文，会导致英文文本层次不明，逻辑不清，为使其符合英语国家消费者的阅读习惯，可将原文按信息功能分成句群，再作改译。

③大量祈使句的翻译

广泛使用祈使句是中英文商品说明书共有的突出的句法特点，特别是在"使用方法""注意事项"或"警告"部分，几乎句句皆是。在翻译方法上，一般采取直译，以祈使句译祈使句。

商品说明书的翻译是一个看似简单实则复杂的过程。译者在翻译说明书之前定要对其专业术语、语言结构有非常清晰的了解。在进行翻译的时候，译者务必要仔细研读，吃透原文，然后考虑目标语读者的要求，采取恰当的方法，准确进行表达帮助译语消费者准确获得商品的相关信息，进而购买和使用该产品，从而达到高质量商品说明书翻译的最终目的。

第二节 跨文化交际视角下的旅游英语翻译

一、旅游英语翻译概述

（一）旅游英语的界定

要进行旅游方面的翻译，译者必须精通两种语言。就旅游英语与汉语之间的翻译而言，对旅游英语进行界定就非常重要。因为只有明白了旅游英语的定义和特征，才能更好地将英语译成汉语，反过来也可以将中文旅游材料更好地译成英文。尤其是在倡导中国文化"走出去"的今天，了解旅游英语的归属以及总体特征，可以更好地将中国这个具有五千多年文明国度的旅游历史、文化、地形地貌、风土人情、物产美食等更好地介绍给外国人，吸引更多的外国游客前来中国旅游观光，使得这些游客更好地了解中国的一切，这对梳理中国的国家形象、促进中国文化的对外传播乃至提高中国的"软实力"均具有非常重要的意义。

不难看出，"旅游英语"属于专门用途英语（English for Specific Purposes，即 ESP），即用于旅游行业、为旅游提供服务的英语，满足旅游推介者的宣传目的和潜在游览者获取信息的目的。[①]

在国外 ESP 教学和研究开展得如火如荼的同时，我国的 ESP 教学也成为高校英语教学的重要内容。随着我国经济的迅猛发展和国际地位的日益提升，社会上对英语人才的需求日益增多，而且对英语毕业生在某一特定领域应用语言能力的需求也日趋多样化，比如银行在招聘英语毕业生或其他专业的毕业生时可能会注重这些毕业生的银行英语或金融英语知识和能力，国际律师事务所在招聘上述毕业生时可能会注重他们的法律英语知识和能力。这促使大学英语教学不再仅局限于基础语言技能的培养，而是在基础技能培养的基础上加大了各种专业知识的渗透，也就是说，ESP 教学已经成为大学英语教育不可忽视的一个方面，法律英语、商务英语、旅游英语等 ESP 课程成为很多大学英语课程表上不可或缺的一部分。

鉴于以上对专门用途英语的界定与简述，我们可以将旅游英语界定为与旅游行业有关的英语，是为着旅游的目的而使用的英语。由于旅游涉及诸多方面，如景点介绍、当地习俗与文化、地方物产、餐饮与住宿、交通等诸多方面，所以旅游英语就难免涉及景点的景色描写、地理位置、历史沿革、文化、风俗、具体特产、美食等，同时不仅包括平铺直叙的文字，还涉及宣传甚至广告，因此这些内容中不乏行业术语、文化意象、修辞手法、礼貌语气和宣传语气等。也就是说，旅游英语不仅有其自己的语言特征，更有其独特的修辞特征、文化特征和语气特征等。

（二）旅游翻译的界定

"旅游翻译"这一短语乍一看去，似乎让人感到外延很窄，实际上，如果对旅游行业进行一下认真的调查和研究，就会发现"旅游翻译"涉及很多种不同主题和类型的文本，旅游翻译的材料范围很广，包括景点介绍与宣传、旅

游新闻、交通工具介绍、美食美酒介绍、产品介绍、节日和活动介绍、公示语、导游图和交通图，等等。这些文本中又有很多语言现象、修辞或文化现象，信息量很大。每种文本之间既具有一定的语言共性，又存在着一定的差异。所以，在探讨旅游英语翻译之前，应当首先对旅游文本和旅游翻译进行界定。①

首先，旅游文本是一种应用文体，但是旅游文本又不同于官方文件、商贸合同、科技文章或法律文本这样的应用文体，而是介绍和宣传旅游景点和旅游目的地及其美食与活动、提供旅游指南、介绍游览行程和交通工具、签订旅游合同、建议游客做什么和不做什么等的书面形式。由于旅游业是一项综合的服务产业，涉及旅游观光本身、交通、住宿、餐饮、购物及教育、文化、休闲、探险等诸多方面，所以大多数旅游文本包含很多信息，信息性很强，同时又极具"呼唤"功能，即"唤起读者的行动"，也就是"唤起读者前往旅游目的地进行旅游的行动"。以介绍和宣传旅游产品和服务为目的，其中的文字具有一定介绍性，提供众多的旅游信息，另外由于在介绍信息的同时还对景点或其他旅游产品进行一定的宣传，因此又具有描述性和一定的文学性和艺术性，反映了一定的广告特点，其信息性和文学性及艺术性最终是为介绍、宣传、广告服务的，所以，总体说来，旅游文本属于应用文体，具有信息功能，更具有呼唤功能。

本书所谓的"旅游英语翻译"是指有关旅游业和旅游活动的上述旅游文本之间的"英汉互译"，既要传达出旅游文本的信息，又要传达出原文的"呼唤语气"，属于应用翻译，具有"实用性、目的性、专业性、匿名性（即作者的名字与地位不重要）、专业性"等特点。

旅游翻译根据媒介分可划分为笔译和口译，本书将不探讨口译，而是探讨旅游文本的笔头翻译。根据原文本的处理方式，旅游翻译可分为全译、摘译、编译；按内容分，可以分为旅游公司宣传资料的翻译、景点介绍翻译、美食翻译、文化典故翻译、公示语翻译等。但无论是何种内容的翻译，无论是采用何种方法进行翻译，译者都要注意旅游文本本身的文体特点，包括用词、语法、句式结构、修辞、语气等，还要注意两种语言背后的文化在旅游材料中的体现以及翻译中的处理策略，针对不同的情况，采取不同的翻译方法。

二、旅游英语翻译的目的和必要性

随着世界经济的发展和全球化的日益加深，跨国旅游已经成为人们丰富精

---

① 靳小响. 跨文化交际视角下旅游英语翻译探究 [J]. 智库时代, 2019 (23).

神生活的一种重要手段。随着中国经济的发展和人民生活水平的提高，越来越多的中国人渴望走出国门游览观光。每年的春节，中国各大媒体都会报道中国出境游的人数、目的地国家、境外消费情况以及境外接待中国游客的情况，由此看出国人对旅游的热情，尤其是对出境游的热情。与此同时，越来越多的外国人也希望来到中国探索这个古老国度的名山大川、人文景观等，感受她历史悠久、丰富多彩的文化，见识中国经济飞速发展的结果。旅游可以使人认识不同国家、不同地区的地理风貌、历史沿革、文化风情、宗教习俗等，开阔人们的眼界，丰富人们的知识。同时，旅游也是各国、各地区推动当地经济发展的重要途径。如上文所述，由于中国经济的快速发展，中国人民日渐富裕起来，中国内地出境游人次迅速上升，所以很多国家希望到中国宣传他们的旅游产品从而吸引更多的中国人前去旅游，而中国也愿意吸引更多的外国人到中国游览，促进中国经济的发展。根据世界旅游组织（World Tourism Organization）预测，中国在未来的十几年中将成为全世界最大的旅游目的地国（tourist destinations）之一。可见，中国旅游市场的进一步发展和繁荣指日可待。

对世界上很多国家来说，旅游业是一个很大的产业，因为旅游业不仅带来了旅游景点的门票收入，更重要的是带动了交通、餐饮、酒店、手工艺、文化体育等相关产业的发展。任何发展离不开交流，而众多的口头交流和书面交流均离不开翻译。旅游文本的英汉互译在中外旅游业的推广和经济发展以及丰富人们的精神生活方面都发挥着日益重要的作用。将中英文的旅游材料进行翻译，不仅有利于旅游景点的宣传和旅游的推广，对个人来说也是非常重要的，好的译文不仅有利于经常旅游的人查阅信息、了解景点的情况，还可以使没有条件或不愿旅游的人不必前往旅游目的地便通过翻译过来的文字了解该目的地的自然景观和人文景观。更重要的是，随着互联网以及图书资料出版社的发展，很多打算出门旅游的人在出门之前一般都会做些有关目的地的"功课"，查找目的地的旅游景点介绍、住宿、交通、习俗等信息。对于跨国旅游来说，这些信息的翻译非常重要。

旅游英语翻译可以说是当今应用文体翻译中非常重要的一种，对促进中外旅游文化交流和推动旅游经济的发展起着举足轻重的作用。所以在掌握一定英语基础知识的前提下，系统地学习一下旅游英语翻译，特别是掌握中英文旅游材料的文体特点、熟悉中英文旅游材料中的文化现象及其翻译策略，是培养译者个人技能、谋求个人发展的一种手段，特别是对有志于从事跨国旅游行业工作的人尤为重要，同时，掌握旅游英语翻译技能可以使自己更好地跟上时代的发展，更好地为旅游业服务，为中外经济和文化的交流和发展做出自己的一份贡献。正如程尽能、吕和发指出："旅游业具有带动、促进众多行业发展，尤其是文化创意产业发展的特殊功能和作用，承担着建立跨文化沟通和理解的历史使命……"。①

三、跨文化交际视角下的旅游英语翻译方法

（一）词类转换与增减词语

1. 词类转换

词类转换指在翻译过程中，根据目标语的规范，把源文本中的某种词类转换成目的语文本中的另一种词。由于汉英两种语言在句法、语序、表现法、词类等方面存在很大差异，词类转换是翻译中常用的手段。相比较而言，汉语重意合，动态词使用较多；英语重形合，静态词使用较多。汉译英时，汉语动词常常转换成英语名词、介词词组、非谓语动词形式。此外，由于表达习惯不同，汉语中的动词也可以转换成英语名词、形容词。②

2. 增词

增词是指在译文中增加原文中虽然没有但却隐含有这个意思的词，这样就可以使译文明白无误。增词可分为语义性增词、语法性增词、修辞性增词等。语义性增词是指为使译文语义明确，根据意义上的需要在译文中增加原文中没有的词。

3. 减词

汉语很讲究对偶，这种同义重复用得适当可以产生很好的修辞效果，但如果使用不当，则会成为赘词。在翻译时，冗余的排偶在大多数时候应省略不译，而且有时候需要省略内容空洞的词语。所谓内容空洞的词语，是指一些词语或说法，无论在作者头脑中还是读者心目中，所表示的意思远比其字面上所表达的意义少。如果保留在译文中，会让译文的读者费解，或觉得不可信。

（二）主动句与被动句

被动句是主动句中处于宾格的受事者被提到主语位置上。在汉语中主动句适用于强调说明施动者，说明它的动作、行为所起的作用；而被动句强调被动者（受事）的被动地位和被动状态。所以主动句直截了当地表达思想感情，使人易于理解，一般的交际中用得最多；被动句作为一种特殊的句型，用得较

---

① 程尽能，吕和发，周剑波，周蔚洁. 旅游翻译理论与实务［M］. 北京：清华大学出版社，2008：2.

② 韦小平. 跨文化下的旅游英语翻译探析［J］. 湖北开放职业学院学报，2019，32（08）.

少。因此，翻译过程中要注意语态的转换，会用到变异的手法。

（三）长句

汉语的句子充分体现了汉语注重话语意思统一的句子特征。汉语的句子一般由小句组成，用逗号分隔。小句之间的语义关系虽然没有表示特定逻辑关系的关联词语，但小句本身的意义隐含了它们之间的语义关系。翻译成英文时，首先要弄清小句之间是什么样的语义关系，再按主次原则分别译成主次句，并加入一些逻辑关联词使原来蕴涵的逻辑关系明确呈现。

（四）文化词

翻译中，文化因素的处理是一项十分困难但又十分重要的任务。数千年的华夏文化与历史悠久的汉语言文字有千丝万缕的联系。[①] 汉语译成英语时不但文化的载体改变了，文化环境也不复存在。这时会出现两种情形：首先，译入语没有相应的词语来承载原文本中的文化因素，形成词语空缺。其次，译文的读者缺乏理解原文所需要的汉语或英语文化背景知识，或者以自己的文化背景去理解译文，造成误解。这就给文化词，包括专有名词、历史名词和一些只出现在一种文化环境里的民俗语义词的翻译带来一定的难度。

一般来说，文化词的翻译有三种常用的翻译手段。

1. 音译

例如，the Buckingham（Palace）翻译为"白金汉宫"，灵隐（寺）翻译为 Ling yin（Temple）。

2. 意译

the Mediterranean Sea 翻译为"地中海"，the Red Square 翻译为"红场"，"断桥"翻译为 the Broken Bridge。

3. 两者结合

例如，the Big Ben 翻译为"大本钟"，big 采取了意译法，Ben 采取了音译法，"钟"的添加其实是运用了增补法。但有时，特别是对一些文化含量较高的文化词，这三种翻译方法都不能满足翻译需要，需要灵活处理。总体来说，文化名词的翻译方法主要有释义及增补、类比或转译。

---

① 杨帆. 基于跨文化意识下的旅游英语翻译初探［J］. 黑龙江教育学院学报，2013，32（06）.

第三节　新闻英语翻译中的跨文化意识及其具体翻译实践

一、新闻英语翻译概述

（一）新闻英语的定义

新闻英语（journalistic English）即新闻文体，是现代英语中常见的实用文体之一，同时也是规范英语语言的标准之一，适用于报刊、广播、电视、网络等新闻传播媒介的新闻报道。新闻英语作为一种应用性语言，因其所具有的特殊性，逐渐脱离于普通英语，成为一种具有鲜明语言形式和文体特点的语言资料。① 如今，无论英语专业或非英语专业的学生都经过听英语新闻和读英语报刊的技能训练，但这并不意味着就掌握了现代英语。要真正掌握并灵活运用现代英语，还需要过新闻英语翻译这一关。学习新闻英语的翻译不仅可以巩固并增加词汇量，尝试、验证和提高自身的英语阅读与翻译水平，还能接触最鲜活最纯正的英语。可以说，新闻英语是将来从事翻译或喜欢翻译的学生绝佳的练笔材料。

（二）新闻英语的翻译特点

1. 语篇特征明显

新闻翻译语篇特征明显。新闻英语语篇内容无所不包，文体独一无二。从广义上讲，新闻英语涉及政治、经济、战争、国际关系、社会、科技、艺术、体育、法律、环境、灾难等方方面面。它强调的是内容的"纪实性"（factualness,）即文章包含了多少"事实"（fact）或"信息"（information）。因此，新闻语篇按照时效性和严肃性可分为三个层次。一是硬新闻，其新闻纪实性最强讲究客观事实的报道；二是软新闻，纪实性最弱，娱乐性最强；介于两者之间的是特写，纪实性和娱乐性兼而有之。新闻英语（尤其是英语报刊）的特点是题材新颖，时效性强，通过各种构词法产生的新词多。从语法特征看，一是广泛使用直接引语和间接引语，以增添新闻的真实性和生动性；二是倾向于使用复合定语、状语、同位语、插入语等附加成分，为读者提供更多的

---

① 王昊埜. 对新闻英语翻译与跨文化意识问题的解析 [J]. 英语广场，2019（03）.

背景知识；三是以提供事实或消息为目的，避免使用带有个人感情或倾向性的语言。从结构上看，一篇新闻报道一般由标题、导语和正文构成。正是新闻语篇的这些特点，决定了新闻翻译要在遵循准确和严谨的前提下，还必须突出新闻的语篇特点。

2. 时效性突出

新闻翻译时效性突出。时效性是最突出的新闻价值之一，它决定了新闻翻译的译者必须与时间赛跑。所以，讲求时效性是新闻翻译有别于其他类型翻译（如文学翻译）的一大特点。同时，新闻报道也是高强度的工作，新闻翻译者常常在夜间工作，并且必须在规定的时间完成译稿。对于翻译上的问题，容不得过多的时间去反复思考再做处理，必须"现炒现卖"。① 从这个意义上说，新闻翻译员必须比其他专业的翻译工作者具备更强的理解原文能力和更快的处理速度，否则，翻译起来就很容易出错。

3. 知识面广博

新闻翻译工作者须有广博的知识面。新闻英语集现代英语之大成，涉及面广，新闻报道中政治、经济、外交、军事、文化、科技、宗教等方面的内容无所不包。新闻重新意，所谓时效性即包含"时间近、内容新"，只有新事物、新动态才值得报道，否则就不叫"新闻"了。网络时代，新事物层出不穷，新闻刊物不仅是报道新闻的媒介，而且是"使用新词的庞大机器和杜撰新词的巨大工具"。新闻记者为了报道这些新事物、新动态，不断引进各领域的新词，有时甚至主动创造新词。

新闻翻译中出现的一些错误，往往是因为译者的知识面不够广、对文中所涉及的国家或人物所处的文化不熟悉、贸然下笔而造成的。例如，有些译者一见到"foreign minister"就译为"外交部长"。其实通常只有共和制国家才称"外交部长"，君主制国家叫"外交大臣"，日本就称"外相"，韩国则称"外务部长官"。

二、新闻英语翻译中的跨文化意识及其体现

英语新闻作为掌握最新文化动态的手段形式，被社会不同人群所需求，但受到文化水平因素制约，很多人无法读懂英文新闻，这就需要对英语新闻展开翻译，让新闻可以更加广泛地在人群中传播，让各个层次受众受益。所以，英语新闻翻译实则就是一种跨文化意识传播的过程。在跨文化意识转换当中，翻译人员需要充分了解两国的文化差异，具备精准、敏锐的判断能力，在英语新

---

① 燕频. 对新闻英语翻译与跨文化意识问题的思考 [J]. 西部广播电视, 2019 (05).

闻翻译过程中要注重尺度，避免在英语翻译过程中出现负面影响。跨文化意识是英语翻译人员的一项非常重要的翻译技能，可以让读者更好地理解新闻含义。

（一）中西方思维、语言习惯差异性体现

思维模式作为文化的长久习惯差异在英语翻译中的体现，在不同文化背景下形成独特的思维模式，这就出现了思维、语言习惯差异。语言作为思维发展的载体，英语与汉语形成的文化背景不同，在词汇、用法层面上也有很大差别。中国文化具有主观思维、具象性、综合性思维特点，而西方文化更具客观、抽象、分析性等特点。英语新闻翻译过程要考虑不同思维下的语文特点差异，以免导致译文在阅读过程中让读者产生心理偏差。对于英语来说，英语句子往往比较长，由于新闻篇幅有限，记者希望用有限的空间给读者呈现更加全面的资讯；由于新闻时效性短，对撰写时间要求高，很多记者往往在撰稿过程中没有时间润色文章，在英语新闻中插入很多专业语句，结构相对松散。在翻译过程中，翻译人员事先要调整好原文的语句，找出句子中的主语、谓语、宾语，找出句子当中的逻辑关系，将抽象词汇变得更加具象化，将西方分析模型思维中的显意转化成综合性思维模式。同时也要结合中文习惯表达方法，采用中国人熟悉的修辞方法和俳句，避免出现欧式直译。

（二）新闻英语中的典故翻译

典故是文章撰写中最常见的引入方法，在当今新闻报道中的应用十分频繁。由于受到历史因素影响，西方文化与古罗马文化、希腊文化有一定相似之处，希腊神话传说是整个世界文化中的一部分，是西方古人的智慧结晶，彰显了西方古代文化的信仰与进程，对整个文化事业发展有着极大的意义与价值，这些内容是英语新闻中的典故来源。在英语新闻中，为了可以更加生动、形象地进行表达，让报道内容更加诙谐幽默，吸引更多读者，记者可以巧妙地借助这些典故，别出心裁地融入新闻报道之中。美国《时代》周刊记录了尼克松访华时的新闻内容，标题为"Nixon's Odyssey to China"，其中的 Odyssey 就是古希腊《荷马史诗》中的一部分英雄史诗，主要讲述 Odyssey 在古代城邦 Troy 沦陷后经过了长期的艰难岁月。[①] 用这个单词表示中美关系重归于好耐人寻味。如果翻译者不了解这个典故，那么在翻译过程中就无法彰显题目的内涵和深意。

---

① 杨雯．跨文化意识在英语新闻翻译中的应用［J］．中国报业，2015（06）．

（三）新闻英语翻译中习语的文化意向转换

习语是日常生活中常用的用语，是人们长期在生活当中形成的口语习俗，以特定词汇或短语表达某个意思。在英语新闻当中常常会应用习语，不仅可以让英语新闻报道更加贴近生活实际，也让新闻内容更加通俗易懂。在英语翻译过程中翻译人员不能望文生义，要掌握语义的含义，选择更加贴切的词汇进行。例如，"The risk is that you put large plenty of money into white elephant."这句话中的"white elephant"直译是"白色的大象"，这里采用直译的方法不太合适，因为在东南亚等国家人们将白象作为神圣，是不可亵渎之物，不可应用到劳动生产中。所以，白象被衍生为既浪费又无法起到作用的多余东西，时常出现在企业、风险等语境中。此句话应该为"这件事的风险是你把大量资金投入不会盈利的企业中。"对于具有特定内涵以及指代习语直接翻译会词不达意，需要采用意译方法，结合语境选择更加合适的短语和词汇。

（四）历史人物与事件翻译

每个民族在发展过程中都有历史人物和事件，作为一个民族文化结晶，可以彰显出这个民族的价值取向、精神风貌、道德观念等，因此会赋予其更加深远的意义。英语新闻中常出现很多历史词汇，这就需要在翻译中领会更深层次的含义。例如，1992年，媒体对英国皇室查尔斯王子、戴安娜王妃的丑闻进行报道，使用了"annus horribilis"，该词来源英国诗人对伦敦大火和瘟疫那年的纪念诗篇，应用在报道当中正好呼应英国皇室的丑闻与风波。

三、新闻英语的跨文化翻译方法

（一）突出新闻事实，充分传递新闻内容

新闻文本的最大特点就是真实性。对于源语读者和目标语读者来说，关键是及时获取新闻事实。所以，新闻翻译首先应该立足于"真实性"这一原则。可见，新闻翻译之第一任务，就是以"信"为前提，将信息真实、快捷地传递给目标语读者。因为英语新闻的主题句包含的信息最多，我们就以主题句为例来说明信息传递的重要性。[①]

HONOLULU——Officials began inspecting bridges and roads across Hawaii early Monday following the strongest earthquake to rattle the islands in more than two

---

① 秦颖颖.新闻英语翻译与跨文化意识［J］.佳木斯职业学院学报，2016（12）.

decades, a 6.6 – magnitude quake that caused blackouts and landslides but no reported fatalities. At least one stretch of road leading to a bridge near the earthquake's epicenter on the Big Island collapsed, Civil Defense Agency spokesman Dave Curtis said Monday.

该主题句交代了新闻的 5 个 "Ws"：

新闻事实（What）：地震发生之后，夏威夷州的官员开始检查整个地区的桥梁路段

新闻发生的时间（When）：星期一一大早

新闻发生的地点（Where）：夏威夷

新闻中的人物（Who）：地方官员；民防局发言人戴维·科第斯

事件发生的原因（Why）：20 年以来该地区最强烈的地震横扫夏威夷岛，引起停电、山崩等灾害

翻译时，需要把原新闻信息（即 5 个 "Ws"）真实地传递到汉语中。根据汉语的语言特点，需要对原文的结构进行调整，在目标语中按照时间顺序重新排列新闻，使之符合汉语新闻的报道模式。试译为：

记者从火奴鲁鲁报道，上周发生在夏威夷的 6.6 级地震造成该岛大面积停电，部分地区出现山体滑坡现象。到目前为止，还没有死亡报道。星期一一大早，该地区官员开始检查各处桥梁路段。民防局发言人戴维·科第斯于周一对外宣称，受地震影响，至少有一段路面塌方，这段路与震中的长岛附近一条河流相连。

可以看出，原英语新闻发生的时间、地点、影响、原因及所涉及的人物在译文中全部交代清楚，新闻信息准确无误，满足了真实传递信息的要求。

（二）发挥汉语语言特点，聚"神"，散"形"

由于英汉两种语言各自的特点，对于任何文体来说，翻译时都需要充分发挥目标语的优势，只有如此，才能更加充分地再现原文信息。所以，英语新闻汉译时，在文体选择、用词技巧等层面，都应该符合汉语的语言规范。

在句式层面上，英语新闻语句联系紧密，主题句尤其如此，因为主题句把很多内容都揉进一个句子中，这样一来，英语新闻中就不乏大句、长句。而汉语新闻句式松散，经常会出现若干无关紧要的句子，这也体现了汉语新闻"形散而神不散"的特点。这些看似松散的句子都在为同一个主题服务，可以深化主题。所以，英译汉时可以尽量发挥汉语的句法特点，打破原来的长句结构，化整为零，以散"形"来聚"神"。具体分析如下例：

Preparations are under way for the March start up of digital radio broadcasting, a technology that will offer listeners both high-quality sound and songs now available only on cell phones, as well as data transmission of software and animation, among other services.

这一则科技报道中含有同位语从句（…, a technology that…）、后置定语（now available only…）等成分，使简单句显得复杂且长，突出了英语句式繁杂的特点。汉译时最好化整为零，把这个长句破成几个汉语短句，试译为：

研究人员积极准备，于3月份启动数码无线广播。这项技术一经推出，听众就可以通过收音机来收听高质量的音响和歌曲。目前只有蜂窝电话才可以收听高质量的音响和歌曲。数码无线广播还可以给用户带来软件和动画数据传输等各项服务。

原句中虽然只有一个句子，却包含了诸多内容，体现了英语句式"形合"的特点。但是，汉语的语言表现方式刚好和英语相反，汉语中很少使用形式连接手段。所以，这样的英语长句在汉译时需要进行分解。该译文把1个英语长句化解为4个汉语句子，新闻的思路更加清晰，汉语读者能够更好地理解和接受这一报道，也会对这一新技术产生应有的好奇心和热情。

（三）适当点缀，增加目标语文采

在用词层面上，英语新闻重平实，有一说一，不加赘言。汉语新闻重装饰，经常有一说二，喜欢修饰。鉴于这一特点，英语新闻汉译时，可适当增加修饰内容，增加译文的文采。具体分析如下例：

Mr. Ban was approved by acclamation of the 192-member body and greeted by sustained applause as he walked onto the rostrum to make his acceptance speech.

译文：与会的192个成员国代表以鼓掌的方式通过潘基文先生出任联合国秘书长。当联合国新当家潘基文走向讲坛作授任致辞时，台下传来经久不息的掌声。

译文为了烘托潘基文当选联合国秘书长时的热烈气氛，特意增加了"新当家"和"经久不息"等具有中国特色的表达，使之更加贴近汉语新闻的报道，给译文增添了许多色彩。

第八章 跨文化交际中的翻译人才培养研究

翻译人才是中国文化走出国门的中坚力量，如何培养具有中外文化学识、掌握翻译技巧和具有较高水平的中译外人才是高校翻译专业面临的问题。当前，翻译专业在课程设置上非常注重对翻译专业人才中外语言文化的教育，却疏于对中外交流史和中国文化的海外传播史等海外汉学知识的扩展。加强这方面知识的传授，这不仅能使翻译人才了解海外优秀译介，提高翻译水平和能力，也能使其在全球视野中定位中国文化，更好地促进中国文化传播。本章主要从中国高校翻译专业建设情况入手，探讨了跨文化背景下学生频繁出现的翻译问题，并提出了中华文化走出去背景下翻译人才培养的策略。

第一节 中国高校的翻译专业建设情况

一、中国高校翻转专业建设中存在的问题

（一）教材建设

众所周知，翻译教材在整个翻译教学中至关重要。作为教学信息的主要载体，它一方面是体现翻译理论、实施教学计划的主要手段，另一方面也是教师组织教学的主要依据和学生学习的主要内容。因此，翻译教材质量的优劣在很大程度上会影响到翻译教学质量。①

总之，目前部分翻译教材内容不够系统科学、理论与实践部分匹配不当，存在或者将相关理论进行罗列，或者将例证进行堆砌的现象，有的译文和体例不够规范。教材中练习选择过于随意、形式单调、难度等级不清晰、不够系

---

① 徐媛媛. 翻译教学与翻译人才培养创新研究 [M]. 延吉：延边大学出版社，2018：40.

统、缺乏人文内涵。特别是有的练习有明显的人工加工痕迹，过分局限于句子、词语的翻译，缺乏真实语境，相关理论解析也不足。出现这种情况，与教材编写者急于求成、教材撰写周期短等不无关系。上述主要为纸质翻译教材所存在的问题，没有涉及翻译网站、电子翻译材料、音像资料等。之所以如此，主要是考虑到受教学手段、教学设备等的限制，在课堂教学中纸质教材应用较多，电子翻译教学材料相对较少。

（二）教学方法和手段

第一，翻译教学理念需要更新，教学方法、手段单一。虽然在大学外语教学和英语专业教学中都强调了人本主义、建构主义、认知主义、交际教学、任务型教学等理念，但这些理念在翻译教学中的贯彻似乎还不够深入。在翻译教学实践中，教师往往强调课堂教学，对课外实践活动关注不够。而且在课堂教学中，也主要采取教师讲解、学生练习的形式。一般说来，往往以本教程为纲，以自选理论材料或翻译练习为辅，在课堂上或者讲授翻译技巧，或者组织学生进行口笔头翻译、讨论等活动，或者讲评作业。这一教学方式在一些翻译专业基础课程（如英汉互译入门、口译实践等）中尤为常见。可以说，翻译教学活动相对单调，形式远不够丰富，而且需要教师花费大量时间备课、改作业等，费尽心力但效果不佳，可谓事倍而功半。

第二，翻译教学与现代多媒体教育技术结合不足，教学手段相对较少。众所周知，多媒体、网络环境等的发展为营造良好的教学环境创设了有利条件，提供了更大的选择空间，但在实际教学中，这些设备或资源并未发挥应有的作用。[①]

第三，翻译教学缺乏创新、缺乏互动，课堂气氛不够活跃，教学效果不尽如人意。众所周知，翻译是一门实践性很强的学科，充分考虑学习者的个体差异，设计丰富多样的教学活动有助于激发学习者的兴趣和热情，使他们在"做中学""练中学""译中学"。但事实上，由于传统上以教师为中心，以讲授为主，并且是周而复始的练习讲解，缺少应有的讨论和归纳、总结及提升，没有运用交际教学法、任务教学法等理念，也没有采用多维信息输入、任务探究互动合作等教学策略，学生在课上很少有机会在大量实际操练中进行独立思考或者合作交流。尤其是在大班授课时，学生锻炼的机会更少。

---

① 李延林，夏志明，谢孝兰. 论英汉文化翻译研究［M］. 成都：电子科技大学出版社，2014：34.

（三）教学评估方式

评估是教学中的一个重要环节。而在翻译教学中，评估无非包括课程、教师、学生、教材等几个方面。换言之，也就是评价课程本身（如教学目标、计划等）、教师（如教学态度、教学质量等）、学生（如学业成绩、学习优势及劣势等）、教材（如内容、形式、编排、功能）等方面。但翻译教学的测试与评估主要包括对学生翻译能力的评估、对学生翻译过程的评估、对翻译课程效果的评估、对翻译课程设置的评估。由此可见，前两者主要针对学生的翻译能力和翻译过程，后两者主要针对翻译课程的设置和效果。[①]

如果借用教育学中对形成性评价（progressive evaluation）和终结性评价（summative evaluation）的分界，我们就会发现在翻译教学过程中我们多使用终结性评价，很少运用形成性评价。而如果借用语言测试中学业成绩测试、水平测试、诊断性测试等的分类。我们就会发现，在某门翻译课程的教学过程中我们大多只通过学期末的成绩测试对学生的学业成绩进行评估，几乎很少进行水平测试、诊断性测试等，而且也很少对整个课程进行客观科学的反思与评估。在英语专业翻译课教学过程中，教师每天忙于备课、批改作业或者进行相关翻译研究，很少有时间尝试探索将各种评估方式相结合，尤其是将过程性评估和终结性评估相结合，学生对知识和技能的掌握程度往往由一纸试卷决定，这样就很难保证其评估的客观公正性。鉴于我们主要的教学对象为学生，而且对于课程的反思评估能力为教师素质的一部分，所以这里主要阐述一下对学生进行评估的现状。

众所周知，目前除了学校翻译专业教学中所进行的测试外，还有各种翻译资格考试用来评估学生的语言知识和能力以及翻译知识与能力。至于翻译课程的测试，相对而言，过程性评估较少且存在敷衍现象，这不利于及时了解学生翻译过程中知识能力的变化情况。而且在终结性测试中也存在题型单一、主观性过强等问题。

总之，如何在翻译专业教学中保证测试和评估的客观公正性，如何提高翻译资格证书的效度和信度等值得我们深入探索，尤其是不同课型与评估的具体方式、学生需求的有机结合，以及试题的具体题型等问题，都需要我们在翻译教学实践中结合测试理论进行研究，以求切实发挥测试的反拨作用，提升教学效果。

---

① 徐媛媛. 翻译教学与翻译人才培养创新研究 [M]. 延吉：延边大学出版社，2018：48.

（四）师资队伍

首先是数量问题。受翻译学科依附于英语语言文学、外国语言学与应用语言学等专业的影响，翻译教师较少。

其次是学历问题。中国台湾和香港的翻译教师多有国外留学经历，而大陆的翻译教师在这方面存在一定局限。一些教学经验丰富的教师往往学历相对较低，而且受年龄、精力等制约，他们对学术发展、学术规范、学术创新等的把握尚需一定时间。具有翻译方向硕士、博士学位的教师在教学经验方面存在一定不足，且受其他因素影响较大。笔者在访谈部分高学历年轻教师时，他们提到目前科研、工作、生活等压力较大，没有充足的时间进行充分备课。而且，即便是高学历的翻译教师，也需要不断更新知识结构、提升自身业务水平和学术能力、进行学历和非学历教师教育和培训，从而真正适应教师终身教育的需求。

再次是翻译教师的素质问题。翻译教师一直承担繁重的教学任务，忙于备课、改作业、翻译实践等，没有时间和机会进一步学习、提高，相应的知识结构、研究能力等不能适应翻译学科发展的需要。

最后是翻译教师的学术地位问题。繁重的教学任务要求翻译教师不仅是专家而且是实战家，也就是说不仅要熟悉理论而且要擅长实际翻译。但正因为如此，翻译教师也被认为是杂家，其译作、译介、译评等在评定职称时往往不受重视，其价值被认为低于原创性学术著作或论文，甚至不被计入科研成果。随着翻译学科的发展，这一看法有所改变，而且翻译专业的设立，使诸多翻译研究者在同一个平台上进行比评，有利于保证学术评估的公平。但不可否认，目前仍然存在轻视外语教学研究和翻译教学研究的倾向。所以，提升翻译教师的地位，正确认识翻译教学研究的重要性也是需要解决的问题之一。

二、对中国翻译专业建设的反思

首先，要明确翻译专业的定位和人才培养目标。科学合理的定位决定了翻译学科、专业未来的地位，明确的人才培养目标决定了翻译专业办学的方向，也就是说，要统一对翻译作为独立完整学科的认识，在了解社会需求的基础上，结合地域特点和专业特色，组织专家学者在广泛调研和论证的基础上，制定科学合理的教学大纲，明确培养目标，培养特色鲜明的高素质的翻译人才。其次，要科学设计翻译专业课程。在了解相关课程设计理论的基础上，结合翻译学科发展的特点，我国经济和社会发展的要求，参考国内外高级翻译学院和英语专业本科专业的教育教学经验，科学合理设置课程，保证学时、学分等的有效匹配，以保证实现培养目标。

　　然后，要提升翻译教材质量。面对琳琅满目的教材，如何选择、编写、改编已成为广大专家、教师、出版者需要切实考虑的问题。尤其是教材与具体科目、具体学习者、具体专业、具体院校等的结合，更需要引起重视，花大力气编写出适合翻译专业所需要的各板块的教材，以真正发挥教材的媒介作用。再次，要丰富和创新翻译教学方法和手段，提升教学质量与效果。充分考虑到翻译专业的教学教育特点，有效借用教育学、心理学、语言学习、翻译学等相关理论，与多媒体、网络等现代教育技术相结合，充分考虑学习者的个体差异，营造良好的学习氛围，以发挥教师的主导作用和学生的主观能动作用。此外，要探索翻译评估方式，保证其公平、公正、合理。根据翻译专业培养目标和学科特点，不仅要采取过程性评估与终结性评估相结合的方法对学生进行有效评估，而且要采用多种评估方式，对课程本身进行反思评价，从而了解翻译教学的效果，发挥评估和测试的监督反馈作用。

　　最后，要提升翻译教师的整体素质。在了解师资队伍现状的基础上，结合外语师资教育的理论和经验，确定师资教育的目标，探索师资教育的内容和师资教育方法，完善师资教育体系，以切实培养高素质的翻译教学和研究型教师不少专家提议对大纲制定、课程设置、教材编写、师资培训等共性问题应集中研究，加强对翻译教学现状和教师与学生情况的调查。

第二节　跨文化背景下学生频繁出现的翻译问题

一、文化等值问题

　　翻译有两种形式的对等，一种是形式对等（formal equivalence），种是功能对等（functional equivalence）。形式对等主要关注的是语言本身的信息，包括形式和内容；功能对等主要关注的是翻译的效果，即读者的反映效果。在翻译过程中，如果过于注重形式对等，而忽视功能对等，就会造成文化信息欠额。[1]

---

① 周兴华. 翻译教学的创新性与前瞻性体系研究［M］. 长沙：湖南师范大学出版社，2018：99.

（一）文化等值的类型

就文化等值的类型而言，具体包括零等值、部分等值和假性等值三种情况。

1. 零等值

零等值指的是一种语言所表达的文化内涵在另一种语言中找不到对应项。例如，In one's birthday suit 这一词语的字面含义是"穿着生日的服装"，但其内在文化含义是"赤身裸体"，这种表达对汉语来说就属于零等值。同①样，汉语中"戴绿帽子"的内涵也不是 wear a green hat 所能传达的，这种表达在英语中也属于零等值。

零等值往往受多种因素的影响，其中历史内涵的独特性和习俗内涵的特殊性是最主要的影响因素。

（1）历史内涵的独特性

每一个民族都有其独特的发展历史，历史文化的积淀又赋予了语言深层次的文化内涵。这些有着浓厚历史文化内涵的词语，在另一种语言中往往处于零等值的状态。如果采用直译法进行翻译，必然会造成文化内涵的缺失。

（2）习俗内涵的特殊性

在长期的历史发展过程中，不同的民族形成了适合本民族生活的一系列规制和习俗，反映到语言中便成为具有独特内涵的表达方式。而这些独特的表达方式，在另一种语言中就处于零等值状态。

2. 部分等值

所谓部分等值，是指一种语言所表达的文化内涵在另一种语言中只存在部分对应的现象。② 例如，汉语中的"孤儿"和英语中的 orphan 就只能部分等值。汉语中的"孤儿"具有两层含义：（1）无父的孩童；（2）失去父母（双亲）的儿童。英语中的 orphan 也具有两种含义：（1）a child who has lost both parents；（2）someone who lacks support or care or supervision。可以看出，英语（1）义与汉语（1）义相等，英语（2）义在汉语中找不到对应项，汉语（2）义在英语中也找不到对应项。英语中的 orphan 与汉语中的"孤儿"属于部分等值关系。

3. 假性等值

英汉语言中有些词汇虽然字面意义相同，其内涵意义却不同，这就给人造

① 邓李肇. 英汉语言文化对比及翻译研究［M］. 长春：吉林大学出版社，2014：134.

② 孙永君. 英汉语言文化对比与翻译研究［M］. 北京：中国时代经济出版社，2014：176.

成一种表面上等值的现象，即假性等值的现象。假性等值的出现是因为不同文化群体在风俗习惯、文化背景等方面的差异导致人们所使用的语言在指称、引申与联想等方面的差异。

英语中还有一些表达方式，它们相对于汉语来说也属于假性等值。例如：

表面含义：一朝被蛇咬，十年怕井绳。

真实含义：吃一堑，长一智。

（二）翻译中的文化等值

翻译不仅涉及两种语言，也关乎两种文化，不仅是两种语言之间的转换，更是两种文化的转换。

英国翻译理论家泰特勒（Tytler）在《论翻译的原则》（*Essay on the Principles of Translation*）一书中提出了著名的翻译"三原则"。[①] 在泰特勒看来，原文作品的思想是翻译过程中最重要的内容，而原文的思想内容既包括原文信息也包括文化信息。

奈达在谈到处理不同文化之间的信息等值转换时说："接受者对译文信息的反应是影响译者行为的决定性因素，这种反应是和原文接受者在原文语言环境下的可能反应相比较来说的。"[②]

纽马克认为："文化对等是把出发语的文化词转化成目的语的文化词的一种近似的翻译。"[③]

翻译的一端是原文，另一端是有着自己社会文化经验的读者。介于原文和读者之间的译者通过发现和利用两种语言之同质，为原文和读者搭建起沟通的渠道—译文，其重要任务就是要处理好翻译过程中的文化障碍问题。因此，翻译要做到形神兼具，应坚持"得其精而忘其粗，重其内而忘其外"的原则。往往语言所传递的不仅仅是表层的言语信息，还包含一定的深层文化内涵，译者需要透过字面意思去挖掘深层的文化信息。这样既能有效传递原文的深层文化信息，又利于文化的接受与传播。

总体而言，翻译是一种文化信息传输和接受的互动过程，而要达到文化信息传输和接受的互动效果，就必须保证文化信息传输的充分度。因此，文化翻译应注意文化信息和内涵的等值，避免简单的字面转换，减少翻译中的文化欠额。

---

① ［英］泰特勒. 论翻译的原则 ［M］. 北京：外语教学与研究出版社，2007：92.

② 周兴华. 翻译教学的创新性与前瞻性体系研究 ［M］. 长沙：湖南师范大学出版社，2018：100.

③ 徐媛媛. 翻译教学与翻译人才培养创新研究 ［M］. 延吉：延边大学出版社，2018：106.

二、文化欠额问题

纽马克（1981）将文化欠额翻译（under-loaded cultural translation）定义为"在翻译中零传输或者部分传输了源语文化环境中的内涵信息的现象，即译文所传递的文化信息量小于原文的文化信息量"。[①]

语言通常会包含一定的文化信息，文化欠额翻译就是将原文中的文化信息进行不完整的传输，这会严重影响译文质量。

在文化翻译中，过于注重字面信息的等值，就很容易造成文化信息的欠额。通常，文化信息欠额与文化信息量呈反比例关系，即翻译中传递的文化信息量越小，文化信息欠额就越大；相反，传递的文化信息量越大，文化信息欠额就越小。

三、词汇空缺问题

（一）词汇空缺的基本概念

词汇空缺指由于各民族之间文化的差异，一种语言中表示特有事物或概念的词语或语义在另一种语言中找不到对等成分，从而形成异族文化的空缺。

词汇空缺是一种普遍的文化现象。例如，英语中有 strong point 和 weak point，但汉语中只有"弱点"，而没有"强点"的说法反过来，汉语中有"长处"和"短处"之说，而英语中有 shortcoming 的对等说法，但却没有 oncoming 的说法。在表达水果方面的词汇系统中，汉语中的"果品"在英语中没有与之相对应的词，而英语中的 nut 在汉语中没有与之相对应的词。

词汇空缺势必会给两种语言的转换和文化的交流带来一定的困扰，所以在翻译过程中要注意这一现象，并有效采用一些补偿策略。

（二）词汇空缺的翻译难点

1. 双语信息空白

词汇空缺的其中一种表现为双语信息的偏差，即一种语言中所特有的词汇在另一种语言中为空白。对于这种情况，译者在翻译时很难找到相对应的表达。例如，在汉语文化背景下，表示"携带"意思的动词有着不同的说法，如"提"包、"挑"柴、"挎"篮、"拎"桶等。但英语中则没有如此详细的

---

① 李建军. 文化翻译论 [M]. 上海：复旦大学出版社，2010：100.

划分和说法，表示"携带"意思的词语只有 take，bing，carry，fetch，并且与汉语表达不完全对应。同样，通过上文例子也可以看出，英语中也有很多词在汉语中是空白的。

2. 文化内涵不对等

词汇空缺还表现在文化内涵不对等，即一种语言中的词汇在另一种语言中有相应的表达，但所承载的文学信息却不相同。如果在翻译中忽视这一点，将很容易造成文化信息的丢失，进而使读者产生错误理解，甚至会引起文化冲突。例如，"熊"在中国人眼中是一种行动缓慢、呆傻样态的动物，因此人们常用来喻指那些不够机敏的人，汉语中有"熊样"这一说法。而 bear 在西方人看来则是一种凶残的动物，用来指代那些鲁莽的人，如 like a bear with a sore head，as cross as a bear 表示"脾气暴躁"。可见，文化内涵的不对等也会给翻译造成一定的影响，容易导致译文文化的流失，因此在翻译过程中要注意这一点。

四、文化翻译误区问题

（一）对原文文化不理解或理解不到位

文化需要理解，对于文化翻译而言更是离不开理解。如果对原文不理解或者理解不到位，很容易造成文化信息的缺失，甚至会传递错误的文化信息

（二）只重视字面表达而忽略文化内涵的传递

很多学者认为，直译可以达到传播文化的目的，因此主张直译。但简单的字面转换很容易造成文化内涵的缺失，如将 call girl（应召女郎）译为"女传呼员"，将 gay marriage（同性婚姻）译为"幸福婚姻"。可以看出，简单的字面转换与原文的文化内涵有着很大差异。因此，在翻译时，不应局限于原文的字面含义，应以传达原文的深层文化内涵为主要目标。

（三）忽视读者的认知和理解能力

读者对作品的理解通常是以自己已有的认知联想为基础的，超越了自己的认知范围，就会产生错误的联想。通常，在翻译这跨文化交流活动中，也要考虑读者的认知和理解能力。

在翻译过程中，如果不顾及读者的认知条件，将很难达到预期的翻译效果。因此，翻译过程中要照顾读者的理解和接受能力，应进行灵活处理，尽量传递原文的文化内涵信息。

第三节　中华文化走出去背景下的翻译人才培养分析

一、翻译在中华文化走出去中的价值及面临的困境

（一）翻译对中华文化"走出去"的价值意义

中华文化走向世界是亿万万中国同胞长久以来的一个宏伟愿望，而承载着这个伟大宏伟愿望的正是翻译。翻译是文化与文化之间沟通与交流的重要工具，只有通过优秀的译者把中国优秀的文化翻译出来，才能让国际社会中的更多国家了解中国的文化。同时，也只有通过翻译国外优秀的文化成果，我们也才能够吸收更多的文化精华，为我所用，推动中国文化的国际化进程。

中国历代的君王早已意识到翻译对文化的重要性，所以早在在新中国建国以前历史上就掀起了三次对外来文化的翻译高峰。第一次是两汉时期到唐宋时期的佛经翻译；第二次是明朝末年到清朝初期的科技文献翻译；第三次是近代鸦片战争开始到五四运动时期的西方文学作品翻译。①

中华人民共和国建立后，党的领导也意识到文化在国际交流中的重要性，为响应国家的文化方针，翻译所涉及的领域相比历史上的几次翻译高峰都得到了进一步的扩展，形成处处开花的局面。中国的几次翻译高峰体现了我国对文化交流的重视以及翻译的重要性。如今，在全球化经济的推动下，各国之间的交往日益频繁，交往的领域已从经济领域扩展到文化等其他领域。这一现象打破了英国作家吉卜林曾经说过的东西方二者永不相遇的预言。

文学翻译是架起中国文化与世界文化的桥梁。要想了解一个国家，就得了解这个国家的文化，而文化通过文学来表现，文学是文化的一种表达手段，文化是文学所包含的内涵。

优秀中国文学作品的翻译能够引起世界对中国的关注，同时也能促进文化交流、推动经济发展、加快中国文化"走出去"的步伐。从哲学的角度来说，物质与精神两个方面是相互依存、相互作用、相互影响的。也就是说，精神层面的文学与物质层面的经济也是相互依存、相互作用、相互影响的。改革开放

---

① 黄江云. 中国文化"走出去"的助推器——高校翻译人才培养 [J]. 湖北函授大学学报,, 2016, 29 (19).

以来，西方国家开始关注中国的文化及文学作品，并越来越重视，从而又带动了世界各国对中国文化艺术的重视。如今，莫言帮中国人实现了诺贝尔文学奖，世界各国的读者也更加关注中国文学作品，关注中国的社会、文化、生活。优秀的文学作品吸引越来越多的国外友人来到中国感受中国的文化，体验中国的民风、民俗，这势必会带动中国经济的发展。同时，经济的发展也会促进中国文化的发展，推动中国文化走向世界。

优秀的翻译可以提升中国的国际地位，为中国的发展提供强有力的舆论保障和政治保障。我国在国外发行的报刊、文学作品较少，读者数量也不多。在国外播出的中国影视节目数量就更少，观众数量也很少。这种状况注定中国无法全面地、完整地向世界传达真实的想法和主张，在国际社会中缺乏一定的话语权。这就致使一些国外民众对中国缺乏认识了解，甚至产生误解，排斥中国、排斥中国文化。甚至有些国家利用其在国际文化市场上的优势歪曲中国、丑化中国、夸大中国的落后层面，企图阻碍中国的发展。要想改变这一局面，我们就得通过翻译大量优秀的影视节目、中国文学作品及报刊、报道，让国外的友人认识中国、了解中国、接受中国，并且爱上中国。

语言作为人类最重要的一种交际工具，是人们进行沟通交流的表达方式，它必然会对政治、经济和社会、科技乃至文化本身产生影响。因此加强国与国之间沟通与交流最有效、最有力的方法就是文化的交流。翻译，作为具有不同语言文化背景的人相互交际、传播文化、促进经济发展的媒介，是国与国之间相互交往的可靠保证，也是让世界了解真正的中国的有效手段，是中国文化"走出去"战略中的重要部分。

（二）中国文化"走出去"中的翻译困境

1. 中国对外文化交流的"赤字"现象严重

当前，与中国对外经济贸易的"出超"相比，中国对外文化贸易严重"入超"，存在着相当大的"文化赤字"。近几年，中国对外版权的输出情况已经有了一定程度的改善，但"入超"情况仍然非常严重，"文化赤字"明显。

中国在文化领域的贸易逆差和在经济领域的贸易顺差对比非常明显，文化产品不同于经济产品。以经济产品为例，如服装、鞋袜等等不论出口到哪里，都是可以直接使用的。但是文化产品需要一个接受和融合的过程，在具体"走出去"工作的实践中，很多文化产品，像图书、电影等等都还需要翻译的转换，并在很大程度上对翻译的水平和质量有很高的要求。如果翻译问题得不到有效解决，就会让一部分文化产品在"走出去"的过程中受到限制。因此，翻译作为文化"走出去"的一个重要桥梁，如果发挥不好也会成为一道屏障，成为中国文化"走出去"面临的一大困境。

中国文化"走出去"的翻译困境牵涉到走出去过程的两端：一端是翻译人才的困境，即文化翻译的"生产环节"出了问题；一端是市场困境，即文化翻译的"市场环节"也有问题。

2. 翻译的人才困境

对于人才困境，黄友义曾提到"中国对外文化介绍的速度远远没有跟上经济发展的速度，原因之一是从事中译外的队伍还不够强大。中国图书在国际市场上的滞销，除了受到中西文化差异的影响之外，表现不佳的根本原因还是人才问题。"①

《人民文学》李敬泽主编在谈论该刊英文版出版背景时也提到，翻译力量不足是制约中国文学"走出去"的瓶颈之一。著名翻译家杨宪益先生的辞世更是引发了大众对翻译人才困境的思考。很多学者在当时也发出中国自此进入文学对外翻译"大师断层"期，引发了人们对于中国文化"走出去"如何迈过第一道坎的思考。②

虽然近几年，翻译人员的数量略有增多，但还是无法满足中国日益增长的中译外工作需求。通常而言，翻译工作者都更加擅长将外语译成母语，而将母语译成外语，则被公认为一项高级、精密和尖端的工作。因此，能够胜任中译外工作的高端人才严重不足，预估缺口更是高达90%以上。与此同时，当下国内从事中译外工作的中坚力量主要都是老一辈的翻译家，优秀的中青年译者严重不足，翻译队伍的"断层"现象更是令人担忧。

因此翻译人才的稀缺，特别是高水平中译外人才的匮乏构成了"走出去"翻译的人才困境。而从赋予文化作品在国外新生命的角度来看，当下需要译者，更需要译家。

3. 翻译作品的市场困境

市场困境，主要体现在翻译作品的影响力不够，传播度和接受度较低等方面。当下，国家对中国文化"走出去"非常重视，对外译介的工作也在不断的开展。从20世纪80年代国家外文局策划发行"熊猫"译丛系列开始到2010年国家哲学社会科学规划办建立了国家社会科学基金中华学术外译项目，中国文化典籍的对外译介工作取得了巨大的发展。而其中最负盛名的必当是1995年正式立项，并是我国首次全面系统地对外译介中国文化典籍的重大出版工程——《大中华文库》项目，《大中华文库》几乎涵盖了中国五千年文化

① 黄友义. 通过主题图书，翻译助力对外传播 [J]. 中国翻译，2019，40 (5).
② 李敬泽. 人民文学 [M]. 北京：华文出版社，2001：62.

的全部精华，它的顺利出版的确令人欢欣鼓舞。

《大中华文库》的出版，无疑是中国文化外译道路上具有里程碑意义的一步。但成功的背后也反映了中国文化外译在翻译对象选择上存在的问题。《大中华文库》的翻译对象一般都是中国文化五千年的经典，涵盖的内容往往博大精深。因此，阅读这些文化经典对于读者文学素养的要求也非常高，没有一定的文学积淀和素养似乎很难品味到这些经典的"微言大义"。同时，这些历史名著距今都有一定的时日，众所周知，时间越是久远的作品，它的历史沉淀和底蕴就越是深厚，这就更加加大了阅读的难度。因此对外译介此等经典名著，其内涵深意是否能被读懂？并同时为外国读者接受？成为一个作品在走向外国的市场前我们就应该思索的问题。而就《大中华文库》而言，在笔者看来，一般的读者是无法做到的。因此，从这个意义上说，它们的传播可能仅限于学者层面，而无法普及到广大的普通读者群中，这与"向世界说明中国"的目标有所背离。

综上所述，很多"走出去"的中国作品在翻译之初没有去了解外国市场，去思考国外市场受众的主要构成以及什么样的翻译是能被普罗大众所接受的种种问题，而造成译成作品在市场上受众有限，没有竞争力而被淘汰的事实，这也成为中国文化"走出去"的翻译在市场环节面临的困境。

二、基于中华文化自信锻造的国际化翻译人才培养的价值取向

国际化翻译人才培养是我国语言文字事业的重要环节，事关我国综合国力提升、全民素质发展、中国特色话语体系构建和文化自信锻造。国际化翻译人才培养必须坚持科学的价值取向，即三元价值取向、生态价值取向、战略价值取向，不断提升学习者的翻译能力和跨文化交流水平。[①]

（一）三元价值取向

1. 个人本位价值取向

个人本位价值取向认为，国际化翻译人才培养的最终目标是培养具有鲜明个性的、有能力的、为社会可用的、完整的、自由的翻译人。翻译教育既要保证为社会提供数量充足的翻译人力资源，又要确保提供的翻译人才质量满足国际化竞争需求。个人本位价值取向，强调国际化翻译人才培养的最基本价值就是促使个体实现专业知识和翻译能力的全面发展，完成个性完善和自我实现；强调以个人全面发展为基准来建构翻译人才培养理论和推行翻译人才培养实

---

① 张艳臣. 国际化翻译人才培养的价值取向研究 [J]. 教育评论，2018 (6).

践；强调国际化翻译人才培养要合乎自然规律，致力于追求真理和幸福生活，实现人格建构。

个人本位价值取向所提倡的实现个人价值，就是对真理的主动追求，从而促进社会不断进步，并为学生营造一个自由成长的氛围，将学生培养成富有创造性的个人，突出个性价值。国际化翻译人才培养中的个人本位价值取向，并不是弱化教育群体的约束力，而是在遵守教育群体规则的基础上强化教育群体中的个体。追求个性不仅不会使教育群体产生离心力，而且会增强国际化翻译人才培养的活力。因此，国际化翻译人才培养过程中，应该突出并追求个人价值、个人自由、个人发展、个人意识、个人平等，挖掘个人潜力，激发个人创新能力，实现全面发展。

2. 社会本位价值取向

社会本位价值取向源于社会对教育的需求，以满足社会需求为本位，以促进社会发展为目标。国际化翻译人才培养，必须满足社会发展对翻译人才的需求，服务于国家建设，以实现百年奋斗战略目标为指向，实现个体社会化。

根据社会本位价值取向，国际化翻译人才培养的出发点和归宿是满足社会的不同需求，国际化翻译人才培养的各个环节和各个方面要以社会为导向，并在此基础上制定国际化翻译人才培养目标、培养方案，确定教学方式，选取合适教材，提高教师素养，评价教学环节。

3. 知识本位价值取向

国际化翻译人才培养过程中的知识本位价值取向，就是传授各类知识，强调翻译人才培养的首要任务是进行知识传授，强调在选择知识的过程中要重视知识学科本身的结构和逻辑，这些带有科学逻辑的学科知识是人类智慧的结晶。国际化翻译人才培养，应该强调对翻译知识的全面灌输，这既可以促使学生掌握系统专业的翻译知识，又可以使学生获得智力提升和专业发展。知识本位价值取向，一方面是国际化翻译人才身心发展的必然要求。素质是知识积累的结果，是学习主体对知识吸收内化的过程，并具有发展进化趋势；另一方面是国际化翻译人才培养实现部分预期目标的过程。知识传授本身就是提供素质发展机会的活动，可以促使学习主体在人际交往、学习能力、尊重他人等方面实现素质提升。

"三元价值取向"是国际化翻译人才培养价值取向的科学理性选择。高等教育归根结底是育人实践，实现个人、社会或知识价值。知识价值是国际化翻译人才培养的物质基础和智力支撑，个人价值是国际化翻译人才培养赖以存在的精神力量，而社会价值是通过培养具备所需翻译能力和各类知识的国际化翻译人才来实现的，离开了个人价值和知识价值，社会价值就无法实现。每个人都处于各种复杂的社会关系之中，需要同社会进行交换互动，实现知识经验传递。离开了社会，个人价值和知识价值就是一纸空谈。国际化翻译人才培养涉及的翻译理论和实践以及其他专业知识是隐形的社会价值，采用的教学目标、教学方式、教学方法是实现社会价值的保证。在新时代国际化翻译人才培养中，个人价值、知识价值与社会价值是统一的、有机联系的整体。个人价值和社会价值是知识价值的保障，知识价值是实现个人价值和社会价值的基础，社会价值是个人价值和知识价值的终极目标，个人价值与知识价值的实现是为了更好地实现社会价值。社会本位价值取向应致力于促进社会稳定与发展，并且不抹杀个体价值和知识本位的存在；知识本位价值取向应确保个人和社会发展的正确方向，确保个人发展和社会进步少走弯路；个人本位价值取向为社会发展进步提供持续动力，是实现知识价值和社会价值的驱动器。

目前，我国国际化翻译人才培养在实际操作过程中，仍以追求社会价值为主要倾向，倡导应用型理念，强调人才培养的工具性和对社会的贡献，忽视了教育主体"人"的需求和价值。因此，在国际化翻译人才培养过程中，一方面，应该践行"三元价值取向"，改变重知识价值和社会价值轻个人价值的现实情况，由低到高逐步实现翻译人才培养的"知识——社会——个人"三个层级价值。在知识价值实现方面，灌输国际化翻译人才所需的各类知识，包括国际化知识、外国语言学知识、翻译理论知识、翻译技术知识、辨别知识等，以期实现知识结构的完整。在实现社会价值方面，国际化翻译人才培养要着眼国家战略，结合国家建设和对外开放需要，针对各类需求进行翻译实务培训，切实提高翻译质量；以市场为导向，改善翻译教学模式，适应大数据和"互联网+"潮流，促进翻译技术进步；重视翻译人才核心翻译素养和能力建设，练好对外传播中国声音的基本功。在实现个人价值方面，国际化翻译人才培养要摆脱工具主义的束缚，追求人性完善，弘扬个性百态。另一方面，建构个体素质，实现翻译人才培养的"目的"和"手段"双赢，在"目的"方面，要使学生个体获得翻译知识和翻译技能，在"手段"方面，要使学生个体通过学习提高批判思维能力和解决问题能力；丰富个体主体性，使翻译教学实现"以人为本"，鼓励学生个体创新，丰富翻译课堂教学，塑造人格发展；完善个体本质，也就是从生命自然成长的角度来理解翻译人才培养，将学生看作日渐完善的生命存在，增强个体自主性。

（二）生态价值取向

国际化翻译人才培养的生态价值取向是指教育主体重视国际化翻译人才培养中的语言生态价值，并将其作为人才培养的必然价值选择的倾向。在语言生态系统中，各种语言相互影响、相互制约、相互依存，各种语言基本上能够实现自我调节，并最大限度地保持自身稳定，实现语言的多样性，促使整个语言生态系统保持稳定状态。影响语言生态系统的因素很多，包括语言构成要素，政治和经济环境，自然和社会环境，文化和传统环境等，其中文化环境对语言生态系统具有最大的影响力。世界上的文化是多元的，语言也是多元的，语言多样性是维持语言生态系统稳定的基石，也是世界进步、社会发展和文化传承的保障。

全球化导致世界的同质化，国际化翻译人才培养不可避免碰触敏感的文化问题。全球化同样造成了翻译教育的单一化，英语作为信息交流沟通的世界语言，加剧了许多弱势语言的消亡进程，造成语言生态危机。随着翻译人才培养的普及和扩大，我国本土语言文化民族意识存在淡薄的趋势，导致本土文化失语。学校模式化的翻译人才培养也是导致语言生态危机的重要因素之一。我国各类学校的翻译教育基本上采用模式化和标准化的工业化生产模式，以英语作为第一外语，单纯讲授语言知识，强势灌输西方价值观，使培养的翻译人才缺少个性。国际化教育往往变成了西方化教育，仅仅强化西方的文化、语言、价值观、方法论。因此，在国际化翻译人才的培养过程中，首先，要秉持生态价值取向，平衡母语教育与外语教育的关系，注重非通用语种的学习，特别要重视濒危语种的保护与传承，同时提升翻译学习者对母语的认同，主动学习和传播母语，保护本国少数民族语言，通过语言交流促进文化传承，增强自身民族自豪感、自信心和凝聚力。其次，要注重保持本土文化和异域文化的生态和谐，注重学生跨文化素养的培养，使我们的翻译人才在充分理解华夏文化的基础上吸收、借鉴和融合外国文化；要避免以美英为代表的语言帝国主义思想的渗透，保持清醒的头脑，树立"和而不同"的文化心态，构建和谐的国际化翻译人才培养的生态价值观。最后，学校要变革国际化翻译人才培养，必须注重语言生态平衡，关注语言生态发展，维护语言生态多样化。

（三）战略价值取向

我国的翻译教育，特别是国际化翻译人才培养，要服从并服务于国家战略，从国家语言战略的角度予以谋划。在中国特色社会主义新时代，要加快语言战略规划，特别是外语战略研究，为我国成功实现"一带一路"倡议、"走出去"战略提供服务。通过国际化翻译人才培养，不断打破走向世界进程中的外语屏障，为加强中国软实力建设提供外语支撑，同时为中国实现由"本土型国家"向"国际化国家"的转变提供外语动力。国际化翻译人才培养战略规划，要坚持以人为本的原则，维护国家语言权利，保证个人语言权利；保护传承国家文化主权，维护国家安全；统筹协调各语种的比例，平衡各类语种在国家外语体系中的地位和作用，构建和谐翻译生态。战略价值取向的国际化翻译人才培养是符合当前我国国家战略的人才培养策略，契合提升中国文化软实力和向世界传递中国声音的国家战略目标。

国家外语能力是影响国家综合实力的重要因素，要从国家战略高度予以重视和提高。国际化翻译人才培养，作为国家语言能力建设的重要载体，必须具有战略价值取向：一要坚持"走出去"战略，在全面掌握语言知识和科学吸收外国文化知识的基础上，更加注重传递中国声音，讲好中国故事，提升中国的国际话语权，建立畅通的对外话语体系；二要坚持"外向型"战略，改变翻译能力需求以求职和考试为主要目的的"内需型"学习动机，增加因"外向型"需求（如自贸区建设、企业海外投资、文化海外传播、中国制造出国等）而主动学习外语的比例；三要坚持"多元化"战略，改变英语"一家独大"的单一型语种结构失衡状况，重视非通用语种的规划和人才培养，实现语言资源"百花齐放，百家争鸣"；四要坚持"专业性"战略，改变以往的仅强调语言知识和技能的工具性价值取向，注重培养高层次的翻译专业人才，也就是国际化的翻译人才。①

语言强则国家强，翻译兴则国家兴。国际化翻译人才培养是高等教育的重要组成部分，是社会需要的产物。国际化翻译人才培养的价值在于满足国家、社会和个体三个层次对翻译人才的需求。社会需要、个体需要、生态需要、国家战略需要四方面价值取向的统一是国际化翻译人才培养价值实现的保障。

三、中华文化走出去背景下中译外人才培养分析

（一）翻译专业课程设置与中译外人才中西学识培养

翻译作为架构不同语言和不同文化的桥梁，对翻译者的翻译能力要求特别高，不仅需要深厚的语言基础、翻译知识和翻译实践，还需要广博的文化知识底蕴和丰厚的人文知识素养。翻译中国文化作品，促进其在海外的传播，有两点需要注意：一是要保持中国文化传播的主动权和保留中国文化的民族性，传播具有中华文化特色、能够说明自己价值观的文学作品，并在翻译中传达中华文化的特点。二是了解译入语对象国的语言文化特点，需要以海外读者为导向，让译著能够为读者接受，达到传播的效果。翻译要保留中华文化的民族特色，就需要学生对中国文化知识有充分的了解。因此，翻译专业在课程设置上

① 张艳臣. 国际化翻译人才培养的价值取向研究［J］. 教育评论，2018（6）.

需有中国文化方面的教育，加强翻译专业学生的国学知识和素养培养，增强学生的中国文化内涵。

翻译是目的性非常强的人类活动，以最大限度地完成跨文化交际功能为先决条件，以满足读者的阅读期待为主要目标。译本作为一种文化交流的媒介，读者是否接受译文的表达方式，攸关译文的接受命运。读者容易理解，不会感到文化和语言上隔阂的翻译才是成功的翻译。如果译文不能满足读者的阅读期待，就很难得到读者的认同。在翻译过程中，译者需要根据译入语的读者期待视野选择自己的翻译策略，既不能让读者失去了解源语文化的机会，又不能使读者失去继续阅读的兴趣而放弃阅读，因此，译者需充分考虑读者的需要，满足读者的期待视野。而为了满足读者的阅读需求，译者要了解所学外语国家的语言和文化情况。

基于此，译者在翻译和传播中国文化时一方面要传播具有民族性的中国文化，让中国文化能够远播海外并保留其民族性及其背后所蕴藉的文化基因和审美方式；另一方面也要尊重国外读者的阅读习惯和审美诉求，让国外读者能够形成自然、流畅、通达的阅读感受。

翻译一部中国文化经典著作会涉及语言、文学、历史、艺术、哲学等方面的知识，语言能力仅仅是翻译能力中的一个方面，单纯的语言翻译根本无法卓有成效地在广度和深度上完成中国文化"走出去"的要求。一个合格的翻译人才需具备一定的翻译技能与广博的中外知识体系。

依据《高等学校翻译专业本科教学要求（试行）》（以下简称《教学要求》），我国高等院校翻译专业根据知识技能结构的分项要求，将翻译专业本科课程设置分为三大模块，即语言知识与能力模块、翻译知识与技能模块和通识教育模块。语言知识与能力模块要求学生掌握双语语言知识和能力；翻译知识与技能模块向学生传授口笔译基本技能和翻译理论知识；通识教育则是培养学生的国际视野，熟悉中西文化，了解与翻译专业相关的各行业知识。①

另外，《教学要求》还声明，三大主项均是开放性的，个别培养单位可视本地对翻译专业人才的需求情况及本校的专业学科特色进行扩充、调整。各高校翻译专业在课程设置、教学要求及实践教学诸多方面基本上遵照《教学要求》指明的三大模块中的 12 个分项指标设置相关课程，传授相关知识及进行实践训练。其中，主要用于翻译专业学生人文知识培养的通识教育模块有三个分项指标，即中外社会文化、语言学与文学知识、计算机与网络应用，其核心

①　李金梅.中国文化"走出去"与翻译专业中译外人才培养［J］.安庆师范大学学报（社会科学版），2017，36（5）.

课程有：中国文化概要，所学外语国家概况，语言学概论，所学外语文学概要，跨文化交际，计算机与网络应用等等。为了加强学生的中西文化学识，目前翻译专业通识教育中基本上设置了中国文化概要、所学外语国家概况和所学外语文学概要等核心课程。高校翻译专业一般还开设了系统的、多元化的人文知识类课程如语言学、跨文化交际、中国文学、外国文学、比较文学、哲学、历史学等，以提升学生的人文素养。以英语翻译专业为例，目前国内诸多高校翻译专业开设了古代汉语、现代汉语、中国文化（英文）、英国社会与文化、美国社会与文化、英国自然人文地理、美国自然人文地理和西方文化等课程，学习中国文化和英美文化知识。该课程设置旨在培养能够同时熟练掌握母语和外语两门语言，具有相当的国学修养并了解异国文化，具备广博的杂学知识，具备专业的翻译技能和实践经验，能服务于国家经济、文化、社会建设需要的应用型、专业性口笔译人才。

（二）翻译专业中译外人才培养与海外汉学知识扩展

虽然翻译专业重视对学生中西学识的教育和人文素养的培养，在通识教育中注重培养学生的中国语言文化、所学外语语言文化和跨文化交际方面的知识教育，但是围绕中国文化"走出去"这一重大议题，仅仅了解中外双方的语言和文化还不够。要促进中国文化"走出去"这一国家战略的顺利实施，已经走出国门的中国文化及文学作品在海外的翻译与研究情况不应被忽视。要使中国文化进一步"走出去"，首先得厘清中国文化在海外的传播及接受情况，这样才能了解哪些文化已经"走出去"了，产生了怎样的影响，怎样进一步"走出去"，哪些文化还有待"走出去"等问题。

当前，高校翻译专业鲜少传授中西文化交流史及中国文化已有的海外传播知识，学生对这些方面的知识也了解甚少。翻译专业应加强学生对这些知识的了解和掌握，让学生对中国文化已有的传播情况要做到心中有数，以便更好地促进中国文化的海外传播。

翻译专业加强中外交流史及海外汉学等相关知识的传授，至少在三个方面具有重要意义：（1）可以了解中国文化的海外传播与接受情况，进一步促进中国文化走出去；（2）可以了解海外对中国文化的理解偏差，修正海外对中国过时的、传统的偏见和误解；（3）广为海外读者所接受的译作也可作为翻译的典范，帮助翻译人才提高翻译水平，促进文化的传播。

近年来，随着全球化趋势的进一步加深，吸收和借鉴人类文明的优秀成果、构建人类命运共同体已成为时代的呼唤。中国文化"走出去"并不是一种全新的开始，中国与世界的交往由来已久，已有上千年的海外传播历史。另外，中国的瓷器、茶以及一些经典文学著作等也早已远播海外。可见，中国自古就与世界他国进行过长期的交流，中国文化也早已远播海外。

中国在海外产生的中国形象是多元的。欧洲关于亚洲和中国的形象描述总是具有两种极端化的倾向，一种是对田园式东方的优美想象，另一种就是阴暗恐怖的妖魔化叙述。这两种倾向长期存在于西方对于东方的表述之中。所谓的"黄祸论"就是这种极端表述之一。19世纪末，欧洲在一些出版物中声明，逐渐觉醒的亚洲和亚洲巨大的人口数量是对西方文明的一种巨大威胁。"黄祸论"是欧洲历史上的惧华理论。当时的欧洲人绝大多数人从未来过东亚，对中国完全不了解，因此，这是西方社会关于亚洲和亚洲人的一种消极的、刻板的成见。19世纪，伴随着中国劳工遍布美国，美国媒介和政客们也大肆宣传"惧华症"，甚至发表声明和颁布法案进行"排华"。尽管美国是当今世界上各民族、各种族相处相对和谐的国家，但种族歧视以及"中国威胁论"，时有出现。我们必须先知晓这些，进而才能努力改变海外偏颇、不良的中国形象，否则带有成见的西方人士势必会抵制中国文化，中国文化也很难为海外所接受。

中国优秀作品的海外传播及研究是近些年学术界关注的热点之一，但这些海外汉学知识很少被引入翻译专业的教学课程，学生对此不够了解或只知星星点点，缺乏系统的学习。一些中国优秀作品如《诗经》《论语》《老子》《庄子》等早已远播海外，被翻译成各国文字，在海外已有几百年、甚至上千年的传播史，且有多个译本，有些译本广受海外读者欢迎。儒家经典《论语》在西方最早被译为拉丁文，随后由拉丁文转译为英文、法文、德文、西班牙文和意大利文等多种语言译本。小说能够充分展示中国文化，也广受西方读者喜爱。中国小说在西方的译本也颇多。翻译专业若能加强学生对中国文化经典著作海外翻译情况的了解，将有助于奠定中国文化的海外传播知识基础，扩大学生的知识视野，以便于更好地、更有目标性地为中国文化"走出去"做好准备。

（三）建构多层面、多要素的翻译能力体系

中国文化要成功地走出去，关键就在于翻译工作的成效如何，在于能否培养大批高质量的中译外人才，构建良好的对外交流和人文建设环境，认知、诠释并传播中国文化的内涵与厚度，与他种文化一起共同建构新的世界文化格局。① 具体联系中译外人才培养中的种种问题与不足，就需要我们积极调整应对思路，在行业规则的制定、课程体系的建构、译介策略的调整、考核机制的

---

① 吴赟．翻译能力建构与中译外人才培养［J］．外语学刊，2015（1）.

完善等各项环节上加以改进。因此，笔者提出一些建议。

1. 制定翻译行业的标准与规范，引入市场准入机制

要改变目前"低准入、无准则"的现实，就必须建立具有普遍践行意义的翻译行业准则和道德规范，并设立一个专门的管理机构进行整体的、统一性的管理。尤其是要明确文化对外翻译、传播的战略地位和语言规范。具体而言，就是要界定翻译标准，制定有关翻译时限、对象客户、翻译中介、翻译争端等各个环节的道德规范，按重要程度、领域性质拟定不同的翻译规范文件，尤其要提升对外文化交流和传播的翻译语言和语言翻译的质量要求和安全意识。除制定行业标准和规范之外，还要引入客观的市场准入机制，在专门机构的统一约束下，进一步落实对翻译行业的规范化管理。

2. 加强与海外高水平译者的交流

海外汉学家译者已经积累了相对丰富的经验，向他们汲取知识成为中译外人才培养的宝贵方法，能够帮助中国本土译者高质量地展开译介活动。近几年来，中国国家新闻出版总署与英国艺术委员会、英国文学翻译中心、澳大利亚西悉尼大学等机构合作，由凤凰出版传媒集团与英国企鹅出版集团联合承办了几期中英文学翻译研讨班，专门邀请了葛浩文、蓝诗玲和杜博妮等海外著名译者，也同时邀请了阎连科和毕飞宇等著名作家，与几十位从事汉译英的中国译者一起交流探讨，通过文学翻译的实例分析帮助本土译者们有效成功地进行翻译。诸如此类的交流和研讨可以在更大规模和更广范围内举办，以发现并培养更多的译才。还可以由官方和民间等多种渠道举办互访活动，特别是文学交流和研讨活动，加强中外译者之间的互动，使中国译者得以向那些著名汉学家、翻译家学习切磋。此外，也可以通过国外研修、科研合作、人员互派、开办中外暑期学校、联合培养等方式，着力打造一定数量的造诣深厚的本土中青年译者，尤其是重点培育一批高水平、专业化的翻译团队。

3. 了解译介各环节，调整译介策略

"策略次能力"作为联动各翻译能力的重要因素，辐射到包括作家、译者及经纪人、版权代理商、出版机构的译介各个环节，因此也成为体现本土译者与海外译者之间最大差异的能力，往往决定了译本的成败。因此必须要使中国本土译者熟悉并参与到出版、推广、译介的良性合作之中，了解国外出版社、评论家乃至目标读者的文学诉求和阅读感受，疏通并及时解决译本在传播和推广过程中的困难，从而适当地调整译介策略。

值得注意的是，对译介策略的调整并不是一味地削足适履，追随西方社会的价值取向，而是要关注跨文化传递过程中的诠释方式与交流效果。译者一方面要尊重国外的文化习惯和审美诉求，让国外读者能够形成自然、流畅、通达

的阅读感受，另一方面也要注意保留中国文学中的陌生感、民族性及其背后所蕴藉的文化基因和审美方式，让读者能够体会并欣赏中国文化独特的美与力量。

4. 建立完善的考核和评估体系

要改变目前鱼龙混杂的翻译从业现状，真正遴选出高质量的中译外人才，就必须建立并实施翻译认证、考核与评估制度。尤其要注意的是，考核与评估不应将重点放在某一字词的选择是否精准，而且应该检验译文整体的表达是否达到翻译指示的要求，是否准确地运用了相关的翻译策略，是否实现了原文的内容、意旨和观点，是否能够令外语读者解除文化障碍的困惑，达到自然通畅的阅读感受。此外，因为此类考核多为手写答题，无法评估应试者的工具次能力，还应当组建环境去衡量应试者在与真实工作环境中类似的翻译软件、数据库等的运用能力，全面考核翻译人才的专业能力和职业素养。

5. 汇聚并引导民间力量和海外资源

中译外翻译人才的培养不能局限于政府资助和学校行为，要同时汇聚来自民间的积极力量。在当前网络迅猛发展，信息瞬息万变的社会里，通过网络汇聚的民间学术机构和人士已成为一股不可小觑的推动力量。比如像"纸上共和国"这样由海内外的翻译爱好者建立的网络社区正凭着一己之力，发挥着一定的推动作用。

另外，随着越来越多的"孔子学院"在海外开设，诸如"中国文化年""世界汉语大会"等文化活动的大力开展，越来越多的外国人开始学习中文、研究中文，这些积极的海外资源正日渐成为中译外人才的另一个重要发展基地。比如美国翻译协会下属的华语分会就有着数百名从事汉译英工作的海外华人，他们定居美国生活多年，谙熟两种语言，已然形成了一个十分宝贵的海外人才库。对这些民间力量和海外资源的关注、扶植和积极引导必将对中国文化在海外的传播与推介大有裨益。我们要在国家的政策主导和体制规划之下，将来自民间、高等院校以及翻译行业的学术力量汇聚一处，抓住发展机遇，立足市场的需求，形成全球化的视野，向海外展示一个具有差异性的真实的中国文化。

（四）加强新时期中译外人力资本培养

（1）进一步制定和实施有重点的中译外人力资本培养方案。作为翻译人才的重要培养基地，中国高校在培养中译外人才中应发挥重要作用。应打破翻译人才培养的固定化模式，采取以多种专业培养复合型语言人才的多元模式，先培养专门化的翻译人才，再鼓励非外语学科试办翻译专业，然后建立独立的，既不属于外语学科，也不属于其他学科的专业化翻译学科，独立进行翻译人才的培养。另外，在有条件的大学尽快地成立翻译学院，扩大翻译方向的研究生和博士招生，既要培养大量的从事翻译实践和理论应用研究的硕士和博士，也要培养少量高水平的从事中译外理论研究的博士以上人才。

（2）着眼长远，有力、有效地提高翻译行业人力资本的业务技能、政治素质和道德素质。这是翻译事业可持续发展的需要，更是国家改革开放和现代化建设的需要。广大翻译工作者要以高度的责任感和敬业精神，不断夯实语言功底，提升文化素养，更新知识结构。特别要发扬老一辈翻译家刻苦钻研、潜心研究的宝贵精神，不慕虚名，不图虚声。高度重视翻译队伍建设，照顾他们的特殊性，给予必要的支持和帮助，为翻译人才的发掘、培养以及工作和生活创造良好的环境和条件。①

（3）加强行业规范，建立大型、合格的中译外翻译机构和企业，树立品牌意识，建立知名的翻译品牌。对那些不合格的以及翻译质量不高的翻译公司进行取缔，这样翻译行业人才的整体质量就会提高，翻译质量就会提高，进而对外宣传效果就会更好。

---

① 张文英，李凤敏. 中译外人力资本与国家文化软实力提升 [J]. 学习与探索，2012 (4).

参考文献

［1］ 安小可．跨文化交际［M］．重庆：重庆大学出版社，2019．

［2］ 安雨琪．跨文化视角下商务英语翻译研究［J］．英语广场，2019（02）．

［3］ 包磊．英汉翻译与文化对比研究［M］．哈尔滨：东北林业大学出版社，2019．

［4］ 毕继万．跨文化交际理论研究与应用［M］．北京：北京语言大学出版社，2014．

［5］ 车丽娟，贾秀海．商务英汉翻译实践教程［M］．北京：对外经济贸易大学出版社，2019．

［6］ 陈柏西．浅谈跨文化交际中的英语文学翻译［J］．海外英语，2018（22）．

［7］ 陈科芳．英汉修辞格比较与翻译［M］．北京：中国社会科学出版社，2018．

［8］ 陈莉娟．英汉翻译理论与实践［M］．北京：中国农业出版社，2019．

［9］ 仇桂珍，张娜．英汉翻译与英语教学［M］．成都：电子科技大学出版社，2017．

［10］ 崔晓卉．东西方思维方式对中英跨文化交际翻译的影响［J］．文教资料，2015（18）．

［11］ 崔秀芬．英汉翻译教学与研究［M］．沈阳：辽海出版社，2019．

［12］ 代婕．浅析跨文化交际翻译视角下的游戏翻译——以竞技游戏《英雄联盟》为例［J］．现代交际，2019（02）．

［13］ 代晓丽，嵇雅迪．英美文学与英汉翻译［M］．延吉：延边大学出版社，2017．

［14］ 戴晓东．跨文化交际理论［M］．上海：上海外语教育出版社，2011．

［15］ 窦卫霖．跨文化交际基础［M］．北京：对外经济贸易大学出版社，2017．

［16］ 衡清芝．探究跨文化语境下新闻英语的翻译方法［J］．佳木斯职业学院学报，2018（02）．

[17] 胡蝶. 跨文化交际下的英汉翻译研究 [M]. 长春：东北师范大学出版社，2018.

[18] 胡学坤. 大学英汉翻译理论基础教程 [M]. 咸阳：西北农林科技大学出版社，2018.

[19] 黄青云. 英汉文化对比与翻译 [M]. 北京：新华出版社，2018.

[20] 黄育兰，李慧勤. 文化语境与英汉翻译 [M]. 成都：四川大学出版社，2018.

[21] 贾玉新. 跨文化交际理论探讨与实践 [M]. 上海：上海外语教育出版社，2012.

[22] 贾钰. 英汉翻译对比教程 [M]. 北京：北京语言大学出版社，2018.

[23] 金真，张艳春. 跨文化交际英语 [M]. 上海：上海交通大学出版社，2015.

[24] 靳小响. 跨文化交际视角下旅游英语翻译探究 [J]. 智库时代，2019（23）.

[25] 雷琼华. 跨文化意识与旅游英语翻译技巧阐释 [J]. 度假旅游，2019（04）.

[26] 李明殊. 跨文化视角下高校英语翻译人才培养措施 [J]. 科教导刊（中旬刊），2018（07）.

[27] 李棠. 文化语境与英汉翻译 [M]. 哈尔滨：黑龙江大学出版社，2019.

[28] 李雯，吴丹，付瑶. 跨文化视阈中的英汉翻译研究 [M]. 长沙：湖南师范大学出版社，2018.

[29] 李雪芹. 基于文化视角的英汉翻译探究 [M]. 天津：天津科学技术出版社，2019.

[30] 李艳芳. 中西文化差异对跨文化交际翻译的影响 [J]. 宿州教育学院学报，2018，21（06）.

[31] 林萍. "一带一路"视域下英语翻译教学中跨文化交际能力培养路径 [J]. 吉林农业科技学院学报，2018，27（04）.

[32] 刘和林. 跨文化交际实用英语教程 [M]. 长沙：湖南大学出版社，2016.

[33] 刘家洲，郭宇. 谈跨文化交际中商务英语翻译现状及影响 [J]. 才智，2019（16）.

[34] 刘荣，廖思湄. 跨文化交际 [M]. 重庆：重庆大学出版社，2015.

[35] 刘巍. 英汉翻译对比及策略研究 [M]. 哈尔滨：哈尔滨工程大学出版社，2018.

[36] 刘小刚．翻译中的创造性叛逆与跨文化交际［M］．天津：南开大学出版社，2014.

[37] 刘一帆．跨文化视角下商务英语翻译障碍及对策研究［J］．淮南职业技术学院学报，2018，18（06）．

[38] 卢红梅．大学英汉汉英翻译教程［M］．北京：科学出版社，2018.

[39] 罗天．新时代英汉翻译教程［M］．北京：人民交通出版社股份有限公司，2019.

[40] 马晓莹．跨文化交际理论与实践研究［M］．石家庄：河北科学技术出版社，2013.

[41] 梅明玉．英汉语言对比分析与翻译［M］．杭州：浙江大学出版社，2017.

[42] 莫竞．交际翻译理论对文物古迹介绍英译的启示［J］．武汉冶金管理干部学院学报，2018，28（04）．

[43] 秦礼峰．中西文化差异下的英汉翻译技巧研究［M］．成都：电子科技大学出版社，2017.

[44] 邵惟．英汉互文性对比与翻译研究［M］．郑州：黄河水利出版社，2018.

[45] 盛辉．跨文化交际翻译中的差异与融合探析［J］．安徽文学（下半月），2015（11）．

[46] 孙相文，聂志文．基于功能翻译理论的商务英语翻译研究［J］．北京航空航天大学学报（社会科学版），2013，26（03）．

[47] 谭焕新．跨文化交际与英汉翻译策略研究［M］．北京：中国商业出版社，2018.

[48] 汤月明．英汉翻译理论与实用技巧探究［M］．北京：中国发展出版社，2018.

[49] 唐毅，顾韶阳．英汉汉英散文翻译与评析［M］．南京：东南大学出版社，2020.

[50] 田华．英汉对比与翻译［M］．沈阳：辽宁大学出版社，2018.

[51] 田甜．英汉翻译技巧与实例分析［M］．郑州：黄河水利出版社，2018.

[52] 王芳．跨文化交际翻译中的文化负迁移［J］．辽宁医学院学报（社会科学版），2015，13（01）．

[53] 王昊堃．对新闻英语翻译与跨文化意识问题的解析［J］．英语广场，2019（03）．

[54] 王磊．跨文化交际翻译的归化与异化［J］．现代交际，2017（19）．

［55］王丽．英汉翻译理论与技巧研究［M］．延吉：延边大学出版社，2019．

［56］吴昊，李寅菲，崔建强．英汉文体翻译理论与实践［M］．上海：上海交通大学出版社，2018．

［57］吴晓娟．旅游英语翻译过程中的跨文化意识培养［J］．佳木斯职业学院学报，2019（03）．

［58］吴玉伦．跨文化交际研究［M］．北京：中国社会科学出版社，2013．

［59］武亚萍．英汉翻译理论及新闻传媒翻译研究［M］．太原：山西经济出版社，2019．

［60］肖唐金．跨文化交际翻译学：理论基础、原则与实践［J］．贵州民族大学学报（哲学社会科学版），2018（03）．

［61］燕频．对新闻英语翻译与跨文化意识问题的思考［J］．西部广播电视，2019（05）．

［62］杨雯．跨文化意识在英语新闻翻译中的应用［J］．中国报业，2015（06）．

［63］张海芹，傅煊翔．英汉翻译教程［M］．成都：电子科技大学出版社，2017．

［64］张静．英汉翻译技巧案例分析［M］．成都：电子科技大学出版社，2018．

［65］张磊．跨文化交际背景下的高校旅游英语翻译教学探究［J］．度假旅游，2018（12）．

［66］张力群．翻译与跨文化交际［M］．北京：对外经济贸易大学出版社，2013．

［67］张生祥，张春丽．翻译人才素养的社会需求分析与培养模式探索［J］．上海翻译，2017（06）．

［68］张小川．英汉翻译的语用学视角转向探索［M］．长春：东北师范大学出版社，2018．

［69］张艳臣，王超，沈艳蕾．跨文化翻译教学中本土化身份重构必要性研究［J］．牡丹江教育学院学报，2013（03）．

［70］张云．英汉翻译基础［M］．成都：四川大学出版社，2019．

［71］赵永平．英汉对比与翻译实践［M］．延吉：延边大学出版社，2018．

［72］周保才．英汉翻译技法与实践［M］．昆明：云南科技出版社，2019．

［73］朱晓东．英汉语篇对比与翻译［M］．长春：东北师范大学出版社，2018．

［74］朱一凡．基于语料库的英汉翻译对当代汉语影响的研究［M］．上海：上海交通大学出版社，2018．